Carnet de Bord Enseignant 2019 2020

NOM ....

ADRESSE ....

PHONE ....

ÉCOLE ....

ANNÉE ACADÉMIQUE 2019-2020

	LU	MA	ME	JE	VE	SA	DI
AOÛT 2019				1	2	3	4
32	5	6	7	8	9	10	11
33	12	13	14	15	16	17	18
34	19	20	21	22	23	24	25
35	26	27	28	29	30	31	
SEPTEMBRE 2019							1
36	2	3	4	5	6	7	8
37	9	10	11	12	13	14	15
38	16	17	18	19	20	21	22
39	23	24	25	26	27	28	29
OCTOBRE 2019 40	30	1	2	3	4	5	6
41	7	8	9	10	11	12	13
42	14	15	16	17	18	19	20
43	21	22	23	24	25	26	27
44	28	29	30	31			

	LU	MA	ME	JE	VE	SA	DI
NOVEMBRE 2019					1	2	3
	45 4	5	6	7	8	9	10
	46 11	12	13	14	15	16	17
	47 18	19	20	21	22	23	24
	48 25	26	27	28	29	30	
DÉCEMBRE 2019							1
	49 2	3	4	5	6	7	8
	50 9	10	11	12	13	14	15
	51 16	17	18	19	20	21	22
	52 23	24	25	26	27	28	29
	1 30	31					
JANVIER 2020			1	2	3	4	5
	2 6	7	8	9	10	11	12
	3 13	14	15	16	17	18	19
	4 20	21	22	23	24	25	26
	5 27	28	29	30	31		

ANNÉE ACADÉMIQUE 2019-2020

	LU	MA	ME	JE	VE	SA	DI
FÉVRIER 2020						1	2
	5 3	4	5	6	7	8	9
	7 10	11	12	13	14	15	16
	8 17	18	19	20	21	22	23
	9 24	25	26	27	28	29	
MARS 2020							1
	10 2	3	4	5	6	7	8
	11 9	10	11	12	13	14	15
	12 16	17	18	19	20	21	22
	13 23	24	25	26	27	28	29
AVRIL 2020	14 30	31	1	2	3	4	5
	15 6	7	8	9	10	11	12
	16 13	14	15	16	17	18	19
	17 20	21	22	23	24	25	26
	18 27	28	29	30			

	LU	MA	ME	JE	VE	SA	DI
MAI 2020					1	2	3
	19 4	5	6	7	8	9	10
	20 11	12	13	14	15	16	17
	21 18	19	20	21	22	23	24
	22 25	26	27	28	29	30	**31**
JUIN 2020	1	2	3	4	5	6	7
	23 8	9	10	11	12	13	14
	24 15	16	17	18	19	20	21
	25 22	23	24	25	26	27	28
	26 29	30					
JUILLET 2020	27		1	2	3	4	5
	28 6	7	8	9	10	11	12
	29 13	14	15	16	17	18	19
	30 20	21	22	23	24	25	26
	31 27	28	29	30	31		

FÊTES LÉGALES EN FRANCE 2019-2021

	2019	2020	2021
LE JOUR DE L'AN	01.01	01.01	01.01
PÂQUES	22.04	13.04	05.04
FÊTE DU TRAVAIL	01.05	01.05	01.05
LA VICTOIRE DE 1945	08.05	08.05	08.05
L'ASCENSION	30.05	21.05	13.05
PENTECÔTE	10.06	01.06	24.05
FÊTE NATIONALE	14.07	14.07	14.07
L'ASSOMPTION	15.08	15.08	15.08
LA TOUSSAINT	01.11	01.11	01.11
L'ARMISTICE	11.11	11.11	11.11
NOEL	25.12	25.12	25.12

FÊTES LÉGALES EN ALSACES 2019-2021

	2019	2020	2021
VENDREDI SAINT	19.04	10.04	02.04
2E JOUR DE NOEL	26.12	26.12	26.12

VACANCES SCOLAIRES 2019-2020

	ZONE A	ZONE B	ZONE C
RENTRÉE SCOLAIRE 2019	06.07.2019 - 02.09.2019		
VACANCES DE LA TOUSSAINT 2019	19.10.2019 - 04.11.2019		
VACANCES DE NOEL 2019	21.12.2019 - 06.01.2020		
VACANCES D'HIVER 2020	22.02.-09.03	15.02.-02.03	08.02.-24.02
VACANCES DE PRINTEMPS 2020	18.04.-04.05	11.04.-27.04	04.04.-20.04.
PONT DE L'ASCENSION	20.05.2020 - 25.05.2020		
GRANDES VACANCES 2020	04.07.2020 - ...		

ZONE A	Besançon, Bordeaux, Clermont-Ferrand, Dijon, Grenoble, Limoges, Lyon, Poitiers
ZONE B	Aix-Marseille, Amiens, Caen, Lille, Nancy-Metz, Nantes, Nice, Orléans-Tours, Reims, Rennes, Rouen, Strasbourg
ZONE C	Créteil, Montpellier, Paris, Toulouse, Versailles

AOÛT 2019

1	JE	
2	VE	
3	SA	
4	DI	
5	LU	
6	MA	
7	ME	
8	JE	
9	VE	
10	SA	
11	DI	
12	LU	
13	MA	
14	ME	
15	JE	
16	VE	

17	SA	
18	DI	
19	LU	
20	MA	
21	ME	
22	JE	
23	VE	
24	SA	
25	DI	
26	LU	
27	MA	
28	ME	
29	JE	
30	VE	
31	SA	

29 JUILLET — LUNDI

HEURE	MATIÈRE	CLASSE

30 JUILLET — MARDI

HEURE	MATIÈRE	CLASSE

31 JUILLET — MERCREDI

HEURE	MATIÈRE	CLASSE

1 AOÛT
JEUDI

HEURE	MATIÈRE	CLASSE
HEURE	MATIÈRE	CLASSE
HEURE	MATIÈRE	CLASSE
HEURE	MATIÈRE	CLASSE
HEURE	MATIÈRE	CLASSE
HEURE	MATIÈRE	CLASSE
HEURE	MATIÈRE	CLASSE
HEURE	MATIÈRE	CLASSE
HEURE	MATIÈRE	CLASSE

2 AOÛT
VENDREDI

HEURE	MATIÈRE	CLASSE
HEURE	MATIÈRE	CLASSE
HEURE	MATIÈRE	CLASSE
HEURE	MATIÈRE	CLASSE
HEURE	MATIÈRE	CLASSE
HEURE	MATIÈRE	CLASSE
HEURE	MATIÈRE	CLASSE
HEURE	MATIÈRE	CLASSE
HEURE	MATIÈRE	CLASSE

3 AOÛT
SAMEDI

HEURE	MATIÈRE	CLASSE
HEURE	MATIÈRE	CLASSE
HEURE	MATIÈRE	CLASSE
HEURE	MATIÈRE	CLASSE
HEURE	MATIÈRE	CLASSE

4 AOÛT
DIMANCHE

31
SEMAINE DE COURS

2019

5 AOÛT — LUNDI

HEURE	MATIÈRE	CLASSE

6 AOÛT — MARDI

HEURE	MATIÈRE	CLASSE

7 AOÛT — MERCREDI

HEURE	MATIÈRE	CLASSE

8 AOÛT — JEUDI

HEURE	MATIÈRE	CLASSE

9 AOÛT — VENDREDI

HEURE	MATIÈRE	CLASSE

10 AOÛT — SAMEDI

HEURE	MATIÈRE	CLASSE

11 AOÛT — DIMANCHE

32
SEMAINE DE COURS

2019

12 AOÛT — LUNDI

HEURE	MATIÈRE	CLASSE

13 AOÛT — MARDI

HEURE	MATIÈRE	CLASSE

14 AOÛT — MERCREDI

HEURE	MATIÈRE	CLASSE

15 AOÛT
JEUDI

HEURE	MATIÈRE	CLASSE
HEURE	MATIÈRE	CLASSE
HEURE	MATIÈRE	CLASSE
HEURE	MATIÈRE	CLASSE
HEURE	MATIÈRE	CLASSE
HEURE	MATIÈRE	CLASSE
HEURE	MATIÈRE	CLASSE
HEURE	MATIÈRE	CLASSE
HEURE	MATIÈRE	CLASSE
HEURE	MATIÈRE	CLASSE

16 AOÛT
VENDREDI

HEURE	MATIÈRE	CLASSE
HEURE	MATIÈRE	CLASSE
HEURE	MATIÈRE	CLASSE
HEURE	MATIÈRE	CLASSE
HEURE	MATIÈRE	CLASSE
HEURE	MATIÈRE	CLASSE
HEURE	MATIÈRE	CLASSE
HEURE	MATIÈRE	CLASSE
HEURE	MATIÈRE	CLASSE
HEURE	MATIÈRE	CLASSE

17 AOÛT
SAMEDI

HEURE	MATIÈRE	CLASSE
HEURE	MATIÈRE	CLASSE
HEURE	MATIÈRE	CLASSE
HEURE	MATIÈRE	CLASSE
HEURE	MATIÈRE	CLASSE
HEURE	MATIÈRE	CLASSE

18 AOÛT
DIMANCHE

33
SEMAINE DE COURS

2019

19 AOÛT — LUNDI

HEURE	MATIÈRE	CLASSE
HEURE	MATIÈRE	CLASSE
HEURE	MATIÈRE	CLASSE
HEURE	MATIÈRE	CLASSE
HEURE	MATIÈRE	CLASSE
HEURE	MATIÈRE	CLASSE
HEURE	MATIÈRE	CLASSE
HEURE	MATIÈRE	CLASSE
HEURE	MATIÈRE	CLASSE
HEURE	MATIÈRE	CLASSE

20 AOÛT — MARDI

HEURE	MATIÈRE	CLASSE
HEURE	MATIÈRE	CLASSE
HEURE	MATIÈRE	CLASSE
HEURE	MATIÈRE	CLASSE
HEURE	MATIÈRE	CLASSE
HEURE	MATIÈRE	CLASSE
HEURE	MATIÈRE	CLASSE
HEURE	MATIÈRE	CLASSE
HEURE	MATIÈRE	CLASSE
HEURE	MATIÈRE	CLASSE

21 AOÛT — MERCREDI

HEURE	MATIÈRE	CLASSE
HEURE	MATIÈRE	CLASSE
HEURE	MATIÈRE	CLASSE
HEURE	MATIÈRE	CLASSE
HEURE	MATIÈRE	CLASSE
HEURE	MATIÈRE	CLASSE
HEURE	MATIÈRE	CLASSE
HEURE	MATIÈRE	CLASSE
HEURE	MATIÈRE	CLASSE

22 AOÛT
JEUDI

HEURE	MATIÈRE	CLASSE
HEURE	MATIÈRE	CLASSE
HEURE	MATIÈRE	CLASSE
HEURE	MATIÈRE	CLASSE
HEURE	MATIÈRE	CLASSE
HEURE	MATIÈRE	CLASSE
HEURE	MATIÈRE	CLASSE
HEURE	MATIÈRE	CLASSE
HEURE	MATIÈRE	CLASSE

23 AOÛT
VENDREDI

HEURE	MATIÈRE	CLASSE
HEURE	MATIÈRE	CLASSE
HEURE	MATIÈRE	CLASSE
HEURE	MATIÈRE	CLASSE
HEURE	MATIÈRE	CLASSE
HEURE	MATIÈRE	CLASSE
HEURE	MATIÈRE	CLASSE
HEURE	MATIÈRE	CLASSE
HEURE	MATIÈRE	CLASSE

24 AOÛT
SAMEDI

HEURE	MATIÈRE	CLASSE
HEURE	MATIÈRE	CLASSE
HEURE	MATIÈRE	CLASSE
HEURE	MATIÈRE	CLASSE
HEURE	MATIÈRE	CLASSE
HEURE	MATIÈRE	CLASSE

25 AOÛT
DIMANCHE

34
SEMAINE DE COURS

2019

26 AOÛT
LUNDI

HEURE	MATIÈRE	CLASSE
HEURE	MATIÈRE	CLASSE
HEURE	MATIÈRE	CLASSE
HEURE	MATIÈRE	CLASSE
HEURE	MATIÈRE	CLASSE
HEURE	MATIÈRE	CLASSE
HEURE	MATIÈRE	CLASSE
HEURE	MATIÈRE	CLASSE
HEURE	MATIÈRE	CLASSE
HEURE	MATIÈRE	CLASSE

27 AOÛT
MARDI

HEURE	MATIÈRE	CLASSE
HEURE	MATIÈRE	CLASSE
HEURE	MATIÈRE	CLASSE
HEURE	MATIÈRE	CLASSE
HEURE	MATIÈRE	CLASSE
HEURE	MATIÈRE	CLASSE
HEURE	MATIÈRE	CLASSE
HEURE	MATIÈRE	CLASSE
HEURE	MATIÈRE	CLASSE
HEURE	MATIÈRE	CLASSE

28 AOÛT
MERCREDI

HEURE	MATIÈRE	CLASSE
HEURE	MATIÈRE	CLASSE
HEURE	MATIÈRE	CLASSE
HEURE	MATIÈRE	CLASSE
HEURE	MATIÈRE	CLASSE
HEURE	MATIÈRE	CLASSE
HEURE	MATIÈRE	CLASSE
HEURE	MATIÈRE	CLASSE
HEURE	MATIÈRE	CLASSE
HEURE	MATIÈRE	CLASSE

29 AOÛT JEUDI	**30** AOÛT VENDREDI	**31** AOÛT SAMEDI
HEURE · MATIÈRE · CLASSE	HEURE · MATIÈRE · CLASSE	HEURE · MATIÈRE · CLASSE
HEURE · MATIÈRE · CLASSE	HEURE · MATIÈRE · CLASSE	HEURE · MATIÈRE · CLASSE
HEURE · MATIÈRE · CLASSE	HEURE · MATIÈRE · CLASSE	HEURE · MATIÈRE · CLASSE
HEURE · MATIÈRE · CLASSE	HEURE · MATIÈRE · CLASSE	HEURE · MATIÈRE · CLASSE
HEURE · MATIÈRE · CLASSE	HEURE · MATIÈRE · CLASSE	HEURE · MATIÈRE · CLASSE
HEURE · MATIÈRE · CLASSE	HEURE · MATIÈRE · CLASSE	HEURE · MATIÈRE · CLASSE
HEURE · MATIÈRE · CLASSE	HEURE · MATIÈRE · CLASSE	**1** SEPTEMBRE DIMANCHE
HEURE · MATIÈRE · CLASSE	HEURE · MATIÈRE · CLASSE	
HEURE · MATIÈRE · CLASSE	HEURE · MATIÈRE · CLASSE	
HEURE · MATIÈRE · CLASSE	HEURE · MATIÈRE · CLASSE	35 SEMAINE DE COURS — **2019**

SEPTEMBRE 2019

1	DI	
2	LU	
3	MA	
4	ME	
5	JE	
6	VE	
7	SA	
8	DI	
9	LU	
10	MA	
11	ME	
12	JE	
13	VE	
14	SA	
15	DI	
16	LU	

17	MA	
18	ME	
19	JE	
20	VE	
21	SA	
22	DI	
23	LU	
24	MA	
25	ME	
26	JE	
27	VE	
28	SA	
29	DI	
30	LU	

2 SEPTEMBRE — LUNDI

HEURE	MATIÈRE	CLASSE

3 SEPTEMBRE — MARDI

HEURE	MATIÈRE	CLASSE

4 SEPTEMBRE — MERCREDI

HEURE	MATIÈRE	CLASSE

5 SEPTEMBRE
JEUDI

HEURE	MATIÈRE	CLASSE
HEURE	MATIÈRE	CLASSE
HEURE	MATIÈRE	CLASSE
HEURE	MATIÈRE	CLASSE
HEURE	MATIÈRE	CLASSE
HEURE	MATIÈRE	CLASSE
HEURE	MATIÈRE	CLASSE
HEURE	MATIÈRE	CLASSE
HEURE	MATIÈRE	CLASSE
HEURE	MATIÈRE	CLASSE

6 SEPTEMBRE
VENDREDI

HEURE	MATIÈRE	CLASSE
HEURE	MATIÈRE	CLASSE
HEURE	MATIÈRE	CLASSE
HEURE	MATIÈRE	CLASSE
HEURE	MATIÈRE	CLASSE
HEURE	MATIÈRE	CLASSE
HEURE	MATIÈRE	CLASSE
HEURE	MATIÈRE	CLASSE
HEURE	MATIÈRE	CLASSE
HEURE	MATIÈRE	CLASSE

7 SEPTEMBRE
SAMEDI

HEURE	MATIÈRE	CLASSE
HEURE	MATIÈRE	CLASSE
HEURE	MATIÈRE	CLASSE
HEURE	MATIÈRE	CLASSE
HEURE	MATIÈRE	CLASSE
HEURE	MATIÈRE	CLASSE
HEURE	MATIÈRE	CLASSE

8 SEPTEMBRE
DIMANCHE

36
SEMAINE DE COURS

2019

9 SEPTEMBRE
LUNDI

HEURE	MATIÈRE	CLASSE
HEURE	MATIÈRE	CLASSE
HEURE	MATIÈRE	CLASSE
HEURE	MATIÈRE	CLASSE
HEURE	MATIÈRE	CLASSE
HEURE	MATIÈRE	CLASSE
HEURE	MATIÈRE	CLASSE
HEURE	MATIÈRE	CLASSE
HEURE	MATIÈRE	CLASSE
HEURE	MATIÈRE	CLASSE
HEURE	MATIÈRE	CLASSE

10 SEPTEMBRE
MARDI

HEURE	MATIÈRE	CLASSE
HEURE	MATIÈRE	CLASSE
HEURE	MATIÈRE	CLASSE
HEURE	MATIÈRE	CLASSE
HEURE	MATIÈRE	CLASSE
HEURE	MATIÈRE	CLASSE
HEURE	MATIÈRE	CLASSE
HEURE	MATIÈRE	CLASSE
HEURE	MATIÈRE	CLASSE
HEURE	MATIÈRE	CLASSE
HEURE	MATIÈRE	CLASSE

11 SEPTEMBRE
MERCREDI

HEURE	MATIÈRE	CLASSE
HEURE	MATIÈRE	CLASSE
HEURE	MATIÈRE	CLASSE
HEURE	MATIÈRE	CLASSE
HEURE	MATIÈRE	CLASSE
HEURE	MATIÈRE	CLASSE
HEURE	MATIÈRE	CLASSE
HEURE	MATIÈRE	CLASSE
HEURE	MATIÈRE	CLASSE
HEURE	MATIÈRE	CLASSE
HEURE	MATIÈRE	CLASSE

12 SEPTEMBRE
JEUDI

HEURE	MATIÈRE	CLASSE
HEURE	MATIÈRE	CLASSE
HEURE	MATIÈRE	CLASSE
HEURE	MATIÈRE	CLASSE
HEURE	MATIÈRE	CLASSE
HEURE	MATIÈRE	CLASSE
HEURE	MATIÈRE	CLASSE
HEURE	MATIÈRE	CLASSE
HEURE	MATIÈRE	CLASSE

13 SEPTEMBRE
VENDREDI

HEURE	MATIÈRE	CLASSE
HEURE	MATIÈRE	CLASSE
HEURE	MATIÈRE	CLASSE
HEURE	MATIÈRE	CLASSE
HEURE	MATIÈRE	CLASSE
HEURE	MATIÈRE	CLASSE
HEURE	MATIÈRE	CLASSE
HEURE	MATIÈRE	CLASSE
HEURE	MATIÈRE	CLASSE

14 SEPTEMBRE
SAMEDI

HEURE	MATIÈRE	CLASSE
HEURE	MATIÈRE	CLASSE
HEURE	MATIÈRE	CLASSE
HEURE	MATIÈRE	CLASSE
HEURE	MATIÈRE	CLASSE
HEURE	MATIÈRE	CLASSE

15 SEPTEMBRE
DIMANCHE

SEMAINE DE COURS 37

2019

16 SEPTEMBRE
LUNDI

HEURE	MATIÈRE	CLASSE
HEURE	MATIÈRE	CLASSE
HEURE	MATIÈRE	CLASSE
HEURE	MATIÈRE	CLASSE
HEURE	MATIÈRE	CLASSE
HEURE	MATIÈRE	CLASSE
HEURE	MATIÈRE	CLASSE
HEURE	MATIÈRE	CLASSE
HEURE	MATIÈRE	CLASSE

17 SEPTEMBRE
MARDI

HEURE	MATIÈRE	CLASSE
HEURE	MATIÈRE	CLASSE
HEURE	MATIÈRE	CLASSE
HEURE	MATIÈRE	CLASSE
HEURE	MATIÈRE	CLASSE
HEURE	MATIÈRE	CLASSE
HEURE	MATIÈRE	CLASSE
HEURE	MATIÈRE	CLASSE
HEURE	MATIÈRE	CLASSE

18 SEPTEMBRE
MERCREDI

HEURE	MATIÈRE	CLASSE
HEURE	MATIÈRE	CLASSE
HEURE	MATIÈRE	CLASSE
HEURE	MATIÈRE	CLASSE
HEURE	MATIÈRE	CLASSE
HEURE	MATIÈRE	CLASSE
HEURE	MATIÈRE	CLASSE
HEURE	MATIÈRE	CLASSE
HEURE	MATIÈRE	CLASSE

19 SEPTEMBRE
JEUDI

HEURE	MATIÈRE	CLASSE
HEURE	MATIÈRE	CLASSE
HEURE	MATIÈRE	CLASSE
HEURE	MATIÈRE	CLASSE
HEURE	MATIÈRE	CLASSE
HEURE	MATIÈRE	CLASSE
HEURE	MATIÈRE	CLASSE
HEURE	MATIÈRE	CLASSE
HEURE	MATIÈRE	CLASSE
HEURE	MATIÈRE	CLASSE

20 SEPTEMBRE
VENDREDI

HEURE	MATIÈRE	CLASSE
HEURE	MATIÈRE	CLASSE
HEURE	MATIÈRE	CLASSE
HEURE	MATIÈRE	CLASSE
HEURE	MATIÈRE	CLASSE
HEURE	MATIÈRE	CLASSE
HEURE	MATIÈRE	CLASSE
HEURE	MATIÈRE	CLASSE
HEURE	MATIÈRE	CLASSE
HEURE	MATIÈRE	CLASSE

21 SEPTEMBRE
SAMEDI

HEURE	MATIÈRE	CLASSE
HEURE	MATIÈRE	CLASSE
HEURE	MATIÈRE	CLASSE
HEURE	MATIÈRE	CLASSE
HEURE	MATIÈRE	CLASSE
HEURE	MATIÈRE	CLASSE

22 SEPTEMBRE
DIMANCHE

SEMAINE DE COURS 38

2019

23 SEPTEMBRE
LUNDI

HEURE	MATIÈRE	CLASSE
HEURE	MATIÈRE	CLASSE
HEURE	MATIÈRE	CLASSE
HEURE	MATIÈRE	CLASSE
HEURE	MATIÈRE	CLASSE
HEURE	MATIÈRE	CLASSE
HEURE	MATIÈRE	CLASSE
HEURE	MATIÈRE	CLASSE
HEURE	MATIÈRE	CLASSE
HEURE	MATIÈRE	CLASSE
HEURE	MATIÈRE	CLASSE

24 SEPTEMBRE
MARDI

HEURE	MATIÈRE	CLASSE
HEURE	MATIÈRE	CLASSE
HEURE	MATIÈRE	CLASSE
HEURE	MATIÈRE	CLASSE
HEURE	MATIÈRE	CLASSE
HEURE	MATIÈRE	CLASSE
HEURE	MATIÈRE	CLASSE
HEURE	MATIÈRE	CLASSE
HEURE	MATIÈRE	CLASSE
HEURE	MATIÈRE	CLASSE
HEURE	MATIÈRE	CLASSE

25 SEPTEMBRE
MERCREDI

HEURE	MATIÈRE	CLASSE
HEURE	MATIÈRE	CLASSE
HEURE	MATIÈRE	CLASSE
HEURE	MATIÈRE	CLASSE
HEURE	MATIÈRE	CLASSE
HEURE	MATIÈRE	CLASSE
HEURE	MATIÈRE	CLASSE
HEURE	MATIÈRE	CLASSE
HEURE	MATIÈRE	CLASSE
HEURE	MATIÈRE	CLASSE
HEURE	MATIÈRE	CLASSE

26 SEPTEMBRE
JEUDI

HEURE	MATIÈRE	CLASSE
HEURE	MATIÈRE	CLASSE
HEURE	MATIÈRE	CLASSE
HEURE	MATIÈRE	CLASSE
HEURE	MATIÈRE	CLASSE
HEURE	MATIÈRE	CLASSE
HEURE	MATIÈRE	CLASSE
HEURE	MATIÈRE	CLASSE
HEURE	MATIÈRE	CLASSE

27 SEPTEMBRE
VENDREDI

HEURE	MATIÈRE	CLASSE
HEURE	MATIÈRE	CLASSE
HEURE	MATIÈRE	CLASSE
HEURE	MATIÈRE	CLASSE
HEURE	MATIÈRE	CLASSE
HEURE	MATIÈRE	CLASSE
HEURE	MATIÈRE	CLASSE
HEURE	MATIÈRE	CLASSE
HEURE	MATIÈRE	CLASSE

28 SEPTEMBRE
SAMEDI

HEURE	MATIÈRE	CLASSE
HEURE	MATIÈRE	CLASSE
HEURE	MATIÈRE	CLASSE
HEURE	MATIÈRE	CLASSE
HEURE	MATIÈRE	CLASSE
HEURE	MATIÈRE	CLASSE

29 SEPTEMBRE
DIMANCHE

39
SEMAINE DE COURS

2019

OCTOBRE 2019

1	MA	
2	ME	
3	JE	
4	VE	
5	SA	
6	DI	
7	LU	
8	MA	
9	ME	
10	JE	
11	VE	
12	SA	
13	DI	
14	LU	
15	MA	
16	ME	

17	JE	
18	VE	
19	SA	
20	DI	
21	LU	
22	MA	
23	ME	
24	JE	
25	VE	
26	SA	
27	DI	
28	LU	
29	MA	
30	ME	
31	JE	

30 SEPTEMBRE — LUNDI

HEURE	MATIÈRE	CLASSE

1 OCTOBRE — MARDI

HEURE	MATIÈRE	CLASSE

2 OCTOBRE — MERCREDI

HEURE	MATIÈRE	CLASSE

3 OCTOBRE
JEUDI

HEURE	MATIÈRE	CLASSE
HEURE	MATIÈRE	CLASSE
HEURE	MATIÈRE	CLASSE
HEURE	MATIÈRE	CLASSE
HEURE	MATIÈRE	CLASSE
HEURE	MATIÈRE	CLASSE
HEURE	MATIÈRE	CLASSE
HEURE	MATIÈRE	CLASSE
HEURE	MATIÈRE	CLASSE

4 OCTOBRE
VENDREDI

HEURE	MATIÈRE	CLASSE
HEURE	MATIÈRE	CLASSE
HEURE	MATIÈRE	CLASSE
HEURE	MATIÈRE	CLASSE
HEURE	MATIÈRE	CLASSE
HEURE	MATIÈRE	CLASSE
HEURE	MATIÈRE	CLASSE
HEURE	MATIÈRE	CLASSE
HEURE	MATIÈRE	CLASSE

5 OCTOBRE
SAMEDI

HEURE	MATIÈRE	CLASSE
HEURE	MATIÈRE	CLASSE
HEURE	MATIÈRE	CLASSE
HEURE	MATIÈRE	CLASSE
HEURE	MATIÈRE	CLASSE
HEURE	MATIÈRE	CLASSE

6 OCTOBRE
DIMANCHE

40
SEMAINE DE COURS

2019

7 OCTOBRE — LUNDI

HEURE	MATIÈRE	CLASSE

8 OCTOBRE — MARDI

HEURE	MATIÈRE	CLASSE

9 OCTOBRE — MERCREDI

HEURE	MATIÈRE	CLASSE

10 OCTOBRE
JEUDI

HEURE	MATIÈRE	CLASSE
HEURE	MATIÈRE	CLASSE
HEURE	MATIÈRE	CLASSE
HEURE	MATIÈRE	CLASSE
HEURE	MATIÈRE	CLASSE
HEURE	MATIÈRE	CLASSE
HEURE	MATIÈRE	CLASSE
HEURE	MATIÈRE	CLASSE
HEURE	MATIÈRE	CLASSE

11 OCTOBRE
VENDREDI

HEURE	MATIÈRE	CLASSE
HEURE	MATIÈRE	CLASSE
HEURE	MATIÈRE	CLASSE
HEURE	MATIÈRE	CLASSE
HEURE	MATIÈRE	CLASSE
HEURE	MATIÈRE	CLASSE
HEURE	MATIÈRE	CLASSE
HEURE	MATIÈRE	CLASSE
HEURE	MATIÈRE	CLASSE

12 OCTOBRE
SAMEDI

HEURE	MATIÈRE	CLASSE
HEURE	MATIÈRE	CLASSE
HEURE	MATIÈRE	CLASSE
HEURE	MATIÈRE	CLASSE
HEURE	MATIÈRE	CLASSE
HEURE	MATIÈRE	CLASSE

13 OCTOBRE
DIMANCHE

41
SEMAINE DE COURS

2019

14 OCTOBRE LUNDI			15 OCTOBRE MARDI			16 OCTOBRE MERCREDI		
HEURE	MATIÈRE	CLASSE	HEURE	MATIÈRE	CLASSE	HEURE	MATIÈRE	CLASSE
HEURE	MATIÈRE	CLASSE	HEURE	MATIÈRE	CLASSE	HEURE	MATIÈRE	CLASSE
HEURE	MATIÈRE	CLASSE	HEURE	MATIÈRE	CLASSE	HEURE	MATIÈRE	CLASSE
HEURE	MATIÈRE	CLASSE	HEURE	MATIÈRE	CLASSE	HEURE	MATIÈRE	CLASSE
HEURE	MATIÈRE	CLASSE	HEURE	MATIÈRE	CLASSE	HEURE	MATIÈRE	CLASSE
HEURE	MATIÈRE	CLASSE	HEURE	MATIÈRE	CLASSE	HEURE	MATIÈRE	CLASSE
HEURE	MATIÈRE	CLASSE	HEURE	MATIÈRE	CLASSE	HEURE	MATIÈRE	CLASSE
HEURE	MATIÈRE	CLASSE	HEURE	MATIÈRE	CLASSE	HEURE	MATIÈRE	CLASSE
HEURE	MATIÈRE	CLASSE	HEURE	MATIÈRE	CLASSE	HEURE	MATIÈRE	CLASSE
HEURE	MATIÈRE	CLASSE	HEURE	MATIÈRE	CLASSE	HEURE	MATIÈRE	CLASSE

17 OCTOBRE
JEUDI

HEURE	MATIÈRE	CLASSE
HEURE	MATIÈRE	CLASSE
HEURE	MATIÈRE	CLASSE
HEURE	MATIÈRE	CLASSE
HEURE	MATIÈRE	CLASSE
HEURE	MATIÈRE	CLASSE
HEURE	MATIÈRE	CLASSE
HEURE	MATIÈRE	CLASSE
HEURE	MATIÈRE	CLASSE
HEURE	MATIÈRE	CLASSE

18 OCTOBRE
VENDREDI

HEURE	MATIÈRE	CLASSE
HEURE	MATIÈRE	CLASSE
HEURE	MATIÈRE	CLASSE
HEURE	MATIÈRE	CLASSE
HEURE	MATIÈRE	CLASSE
HEURE	MATIÈRE	CLASSE
HEURE	MATIÈRE	CLASSE
HEURE	MATIÈRE	CLASSE
HEURE	MATIÈRE	CLASSE
HEURE	MATIÈRE	CLASSE

19 OCTOBRE
SAMEDI

HEURE	MATIÈRE	CLASSE
HEURE	MATIÈRE	CLASSE
HEURE	MATIÈRE	CLASSE
HEURE	MATIÈRE	CLASSE
HEURE	MATIÈRE	CLASSE
HEURE	MATIÈRE	CLASSE

20 OCTOBRE
DIMANCHE

42
SEMAINE DE COURS

2019

| 21 OCTOBRE | 22 OCTOBRE | 23 OCTOBRE |
LUNDI	MARDI	MERCREDI
HEURE MATIÈRE CLASSE	HEURE MATIÈRE CLASSE	HEURE MATIÈRE CLASSE
HEURE MATIÈRE CLASSE	HEURE MATIÈRE CLASSE	HEURE MATIÈRE CLASSE
HEURE MATIÈRE CLASSE	HEURE MATIÈRE CLASSE	HEURE MATIÈRE CLASSE
HEURE MATIÈRE CLASSE	HEURE MATIÈRE CLASSE	HEURE MATIÈRE CLASSE
HEURE MATIÈRE CLASSE	HEURE MATIÈRE CLASSE	HEURE MATIÈRE CLASSE
HEURE MATIÈRE CLASSE	HEURE MATIÈRE CLASSE	HEURE MATIÈRE CLASSE
HEURE MATIÈRE CLASSE	HEURE MATIÈRE CLASSE	HEURE MATIÈRE CLASSE
HEURE MATIÈRE CLASSE	HEURE MATIÈRE CLASSE	HEURE MATIÈRE CLASSE
HEURE MATIÈRE CLASSE	HEURE MATIÈRE CLASSE	HEURE MATIÈRE CLASSE

24 OCTOBRE
JEUDI

HEURE	MATIÈRE	CLASSE
HEURE	MATIÈRE	CLASSE
HEURE	MATIÈRE	CLASSE
HEURE	MATIÈRE	CLASSE
HEURE	MATIÈRE	CLASSE
HEURE	MATIÈRE	CLASSE
HEURE	MATIÈRE	CLASSE
HEURE	MATIÈRE	CLASSE
HEURE	MATIÈRE	CLASSE

25 OCTOBRE
VENDREDI

HEURE	MATIÈRE	CLASSE
HEURE	MATIÈRE	CLASSE
HEURE	MATIÈRE	CLASSE
HEURE	MATIÈRE	CLASSE
HEURE	MATIÈRE	CLASSE
HEURE	MATIÈRE	CLASSE
HEURE	MATIÈRE	CLASSE
HEURE	MATIÈRE	CLASSE
HEURE	MATIÈRE	CLASSE

26 OCTOBRE
SAMEDI

HEURE	MATIÈRE	CLASSE
HEURE	MATIÈRE	CLASSE
HEURE	MATIÈRE	CLASSE
HEURE	MATIÈRE	CLASSE
HEURE	MATIÈRE	CLASSE
HEURE	MATIÈRE	CLASSE

27 OCTOBRE
DIMANCHE

43
SEMAINE DE COURS

2019

28 OCTOBRE — LUNDI

HEURE	MATIÈRE	CLASSE

29 OCTOBRE — MARDI

HEURE	MATIÈRE	CLASSE

30 OCTOBRE — MERCREDI

HEURE	MATIÈRE	CLASSE

31 OCTOBRE
JEUDI

HEURE	MATIÈRE	CLASSE

1 NOVEMBRE
VENDREDI

HEURE	MATIÈRE	CLASSE

2 NOVEMBRE
SAMEDI

HEURE	MATIÈRE	CLASSE

3 NOVEMBRE
DIMANCHE

44
SEMAINE DE COURS

2019

NOVEMBRE 2019

1	VE	
2	SA	
3	DI	
4	LU	
5	MA	
6	ME	
7	JE	
8	VE	
9	SA	
10	DI	
11	LU	
12	MA	
13	ME	
14	JE	
15	VE	
16	SA	

17	DI	
18	LU	
19	MA	
20	ME	
21	JE	
22	VE	
23	SA	
24	DI	
25	LU	
26	MA	
27	ME	
28	JE	
29	VE	
30	SA	

4 NOVEMBRE — LUNDI

HEURE	MATIÈRE	CLASSE
HEURE	MATIÈRE	CLASSE
HEURE	MATIÈRE	CLASSE
HEURE	MATIÈRE	CLASSE
HEURE	MATIÈRE	CLASSE
HEURE	MATIÈRE	CLASSE
HEURE	MATIÈRE	CLASSE
HEURE	MATIÈRE	CLASSE
HEURE	MATIÈRE	CLASSE
HEURE	MATIÈRE	CLASSE

5 NOVEMBRE — MARDI

HEURE	MATIÈRE	CLASSE
HEURE	MATIÈRE	CLASSE
HEURE	MATIÈRE	CLASSE
HEURE	MATIÈRE	CLASSE
HEURE	MATIÈRE	CLASSE
HEURE	MATIÈRE	CLASSE
HEURE	MATIÈRE	CLASSE
HEURE	MATIÈRE	CLASSE
HEURE	MATIÈRE	CLASSE
HEURE	MATIÈRE	CLASSE

6 NOVEMBRE — MERCREDI

HEURE	MATIÈRE	CLASSE
HEURE	MATIÈRE	CLASSE
HEURE	MATIÈRE	CLASSE
HEURE	MATIÈRE	CLASSE
HEURE	MATIÈRE	CLASSE
HEURE	MATIÈRE	CLASSE
HEURE	MATIÈRE	CLASSE
HEURE	MATIÈRE	CLASSE
HEURE	MATIÈRE	CLASSE
HEURE	MATIÈRE	CLASSE

7 NOVEMBRE
JEUDI

HEURE	MATIÈRE	CLASSE
HEURE	MATIÈRE	CLASSE
HEURE	MATIÈRE	CLASSE
HEURE	MATIÈRE	CLASSE
HEURE	MATIÈRE	CLASSE
HEURE	MATIÈRE	CLASSE
HEURE	MATIÈRE	CLASSE
HEURE	MATIÈRE	CLASSE
HEURE	MATIÈRE	CLASSE

8 NOVEMBRE
VENDREDI

HEURE	MATIÈRE	CLASSE
HEURE	MATIÈRE	CLASSE
HEURE	MATIÈRE	CLASSE
HEURE	MATIÈRE	CLASSE
HEURE	MATIÈRE	CLASSE
HEURE	MATIÈRE	CLASSE
HEURE	MATIÈRE	CLASSE
HEURE	MATIÈRE	CLASSE
HEURE	MATIÈRE	CLASSE

9 NOVEMBRE
SAMEDI

HEURE	MATIÈRE	CLASSE
HEURE	MATIÈRE	CLASSE
HEURE	MATIÈRE	CLASSE
HEURE	MATIÈRE	CLASSE
HEURE	MATIÈRE	CLASSE
HEURE	MATIÈRE	CLASSE

10 NOVEMBRE
DIMANCHE

45
SEMAINE DE COURS

2019

11 NOVEMBRE
LUNDI

HEURE	MATIÈRE	CLASSE

12 NOVEMBRE
MARDI

HEURE	MATIÈRE	CLASSE

13 NOVEMBRE
MERCREDI

HEURE	MATIÈRE	CLASSE

14 NOVEMBRE
JEUDI

HEURE	MATIÈRE	CLASSE
HEURE	MATIÈRE	CLASSE
HEURE	MATIÈRE	CLASSE
HEURE	MATIÈRE	CLASSE
HEURE	MATIÈRE	CLASSE
HEURE	MATIÈRE	CLASSE
HEURE	MATIÈRE	CLASSE
HEURE	MATIÈRE	CLASSE
HEURE	MATIÈRE	CLASSE

15 NOVEMBRE
VENDREDI

HEURE	MATIÈRE	CLASSE
HEURE	MATIÈRE	CLASSE
HEURE	MATIÈRE	CLASSE
HEURE	MATIÈRE	CLASSE
HEURE	MATIÈRE	CLASSE
HEURE	MATIÈRE	CLASSE
HEURE	MATIÈRE	CLASSE
HEURE	MATIÈRE	CLASSE
HEURE	MATIÈRE	CLASSE

16 NOVEMBRE
SAMEDI

HEURE	MATIÈRE	CLASSE
HEURE	MATIÈRE	CLASSE
HEURE	MATIÈRE	CLASSE
HEURE	MATIÈRE	CLASSE
HEURE	MATIÈRE	CLASSE
HEURE	MATIÈRE	CLASSE

17 NOVEMBRE
DIMANCHE

46
SEMAINE DE COURS

2019

18 NOVEMBRE
LUNDI

HEURE	MATIÈRE	CLASSE
HEURE	MATIÈRE	CLASSE
HEURE	MATIÈRE	CLASSE
HEURE	MATIÈRE	CLASSE
HEURE	MATIÈRE	CLASSE
HEURE	MATIÈRE	CLASSE
HEURE	MATIÈRE	CLASSE
HEURE	MATIÈRE	CLASSE
HEURE	MATIÈRE	CLASSE
HEURE	MATIÈRE	CLASSE
HEURE	MATIÈRE	CLASSE

19 NOVEMBRE
MARDI

HEURE	MATIÈRE	CLASSE
HEURE	MATIÈRE	CLASSE
HEURE	MATIÈRE	CLASSE
HEURE	MATIÈRE	CLASSE
HEURE	MATIÈRE	CLASSE
HEURE	MATIÈRE	CLASSE
HEURE	MATIÈRE	CLASSE
HEURE	MATIÈRE	CLASSE
HEURE	MATIÈRE	CLASSE
HEURE	MATIÈRE	CLASSE
HEURE	MATIÈRE	CLASSE

20 NOVEMBRE
MERCREDI

HEURE	MATIÈRE	CLASSE
HEURE	MATIÈRE	CLASSE
HEURE	MATIÈRE	CLASSE
HEURE	MATIÈRE	CLASSE
HEURE	MATIÈRE	CLASSE
HEURE	MATIÈRE	CLASSE
HEURE	MATIÈRE	CLASSE
HEURE	MATIÈRE	CLASSE
HEURE	MATIÈRE	CLASSE
HEURE	MATIÈRE	CLASSE
HEURE	MATIÈRE	CLASSE

21 NOVEMBRE
JEUDI

HEURE	MATIÈRE	CLASSE
HEURE	MATIÈRE	CLASSE
HEURE	MATIÈRE	CLASSE
HEURE	MATIÈRE	CLASSE
HEURE	MATIÈRE	CLASSE
HEURE	MATIÈRE	CLASSE
HEURE	MATIÈRE	CLASSE
HEURE	MATIÈRE	CLASSE
HEURE	MATIÈRE	CLASSE

22 NOVEMBRE
VENDREDI

HEURE	MATIÈRE	CLASSE
HEURE	MATIÈRE	CLASSE
HEURE	MATIÈRE	CLASSE
HEURE	MATIÈRE	CLASSE
HEURE	MATIÈRE	CLASSE
HEURE	MATIÈRE	CLASSE
HEURE	MATIÈRE	CLASSE
HEURE	MATIÈRE	CLASSE
HEURE	MATIÈRE	CLASSE

23 NOVEMBRE
SAMEDI

HEURE	MATIÈRE	CLASSE
HEURE	MATIÈRE	CLASSE
HEURE	MATIÈRE	CLASSE
HEURE	MATIÈRE	CLASSE
HEURE	MATIÈRE	CLASSE
HEURE	MATIÈRE	CLASSE

24 NOVEMBRE
DIMANCHE

SEMAINE DE COURS 47

2019

25 NOVEMBRE
LUNDI

HEURE	MATIÈRE	CLASSE

26 NOVEMBRE
MARDI

HEURE	MATIÈRE	CLASSE

27 NOVEMBRE
MERCREDI

HEURE	MATIÈRE	CLASSE

28 NOVEMBRE
JEUDI

HEURE	MATIÈRE	CLASSE
HEURE	MATIÈRE	CLASSE
HEURE	MATIÈRE	CLASSE
HEURE	MATIÈRE	CLASSE
HEURE	MATIÈRE	CLASSE
HEURE	MATIÈRE	CLASSE
HEURE	MATIÈRE	CLASSE
HEURE	MATIÈRE	CLASSE
HEURE	MATIÈRE	CLASSE
HEURE	MATIÈRE	CLASSE

29 NOVEMBRE
VENDREDI

HEURE	MATIÈRE	CLASSE
HEURE	MATIÈRE	CLASSE
HEURE	MATIÈRE	CLASSE
HEURE	MATIÈRE	CLASSE
HEURE	MATIÈRE	CLASSE
HEURE	MATIÈRE	CLASSE
HEURE	MATIÈRE	CLASSE
HEURE	MATIÈRE	CLASSE
HEURE	MATIÈRE	CLASSE
HEURE	MATIÈRE	CLASSE

30 NOVEMBRE
SAMEDI

HEURE	MATIÈRE	CLASSE
HEURE	MATIÈRE	CLASSE
HEURE	MATIÈRE	CLASSE
HEURE	MATIÈRE	CLASSE
HEURE	MATIÈRE	CLASSE
HEURE	MATIÈRE	CLASSE

1 DÉCEMBRE
DIMANCHE

48
SEMAINE DE COURS

2019

DÉCEMBRE 2019

1	DI	
2	LU	
3	MA	
4	ME	
5	JE	
6	VE	
7	SA	
8	DI	
9	LU	
10	MA	
11	ME	
12	JE	
13	VE	
14	SA	
15	DI	
16	LU	

17	MA	
18	ME	
19	JE	
20	VE	
21	SA	
22	DI	
23	LU	
24	MA	
25	ME	
26	JE	
27	VE	
28	SA	
29	DI	
30	LU	
31	MA	

2 DÉCEMBRE LUNDI			3 DÉCEMBRE MARDI			4 DÉCEMBRE MERCREDI		
HEURE	MATIÈRE	CLASSE	HEURE	MATIÈRE	CLASSE	HEURE	MATIÈRE	CLASSE
HEURE	MATIÈRE	CLASSE	HEURE	MATIÈRE	CLASSE	HEURE	MATIÈRE	CLASSE
HEURE	MATIÈRE	CLASSE	HEURE	MATIÈRE	CLASSE	HEURE	MATIÈRE	CLASSE
HEURE	MATIÈRE	CLASSE	HEURE	MATIÈRE	CLASSE	HEURE	MATIÈRE	CLASSE
HEURE	MATIÈRE	CLASSE	HEURE	MATIÈRE	CLASSE	HEURE	MATIÈRE	CLASSE
HEURE	MATIÈRE	CLASSE	HEURE	MATIÈRE	CLASSE	HEURE	MATIÈRE	CLASSE
HEURE	MATIÈRE	CLASSE	HEURE	MATIÈRE	CLASSE	HEURE	MATIÈRE	CLASSE
HEURE	MATIÈRE	CLASSE	HEURE	MATIÈRE	CLASSE	HEURE	MATIÈRE	CLASSE
HEURE	MATIÈRE	CLASSE	HEURE	MATIÈRE	CLASSE	HEURE	MATIÈRE	CLASSE
HEURE	MATIÈRE	CLASSE	HEURE	MATIÈRE	CLASSE	HEURE	MATIÈRE	CLASSE

5 DÉCEMBRE
JEUDI

HEURE	MATIÈRE	CLASSE
HEURE	MATIÈRE	CLASSE
HEURE	MATIÈRE	CLASSE
HEURE	MATIÈRE	CLASSE
HEURE	MATIÈRE	CLASSE
HEURE	MATIÈRE	CLASSE
HEURE	MATIÈRE	CLASSE
HEURE	MATIÈRE	CLASSE
HEURE	MATIÈRE	CLASSE

6 DÉCEMBRE
VENDREDI

HEURE	MATIÈRE	CLASSE
HEURE	MATIÈRE	CLASSE
HEURE	MATIÈRE	CLASSE
HEURE	MATIÈRE	CLASSE
HEURE	MATIÈRE	CLASSE
HEURE	MATIÈRE	CLASSE
HEURE	MATIÈRE	CLASSE
HEURE	MATIÈRE	CLASSE
HEURE	MATIÈRE	CLASSE

7 DÉCEMBRE
SAMEDI

HEURE	MATIÈRE	CLASSE
HEURE	MATIÈRE	CLASSE
HEURE	MATIÈRE	CLASSE
HEURE	MATIÈRE	CLASSE
HEURE	MATIÈRE	CLASSE
HEURE	MATIÈRE	CLASSE

8 DÉCEMBRE
DIMANCHE

49
SEMAINE DE COURS

2019

9 DÉCEMBRE
LUNDI

HEURE	MATIÈRE	CLASSE
HEURE	MATIÈRE	CLASSE
HEURE	MATIÈRE	CLASSE
HEURE	MATIÈRE	CLASSE
HEURE	MATIÈRE	CLASSE
HEURE	MATIÈRE	CLASSE
HEURE	MATIÈRE	CLASSE
HEURE	MATIÈRE	CLASSE
HEURE	MATIÈRE	CLASSE
HEURE	MATIÈRE	CLASSE

10 DÉCEMBRE
MARDI

HEURE	MATIÈRE	CLASSE
HEURE	MATIÈRE	CLASSE
HEURE	MATIÈRE	CLASSE
HEURE	MATIÈRE	CLASSE
HEURE	MATIÈRE	CLASSE
HEURE	MATIÈRE	CLASSE
HEURE	MATIÈRE	CLASSE
HEURE	MATIÈRE	CLASSE
HEURE	MATIÈRE	CLASSE
HEURE	MATIÈRE	CLASSE

11 DÉCEMBRE
MERCREDI

HEURE	MATIÈRE	CLASSE
HEURE	MATIÈRE	CLASSE
HEURE	MATIÈRE	CLASSE
HEURE	MATIÈRE	CLASSE
HEURE	MATIÈRE	CLASSE
HEURE	MATIÈRE	CLASSE
HEURE	MATIÈRE	CLASSE
HEURE	MATIÈRE	CLASSE
HEURE	MATIÈRE	CLASSE

12 DÉCEMBRE
JEUDI

HEURE	MATIÈRE	CLASSE

13 DÉCEMBRE
VENDREDI

HEURE	MATIÈRE	CLASSE

14 DÉCEMBRE
SAMEDI

HEURE	MATIÈRE	CLASSE

15 DÉCEMBRE
DIMANCHE

50
SEMAINE DE COURS

2019

16 DÉCEMBRE — LUNDI

HEURE	MATIÈRE	CLASSE

17 DÉCEMBRE — MARDI

HEURE	MATIÈRE	CLASSE

18 DÉCEMBRE — MERCREDI

HEURE	MATIÈRE	CLASSE

19 DÉCEMBRE
JEUDI

HEURE	MATIÈRE	CLASSE
HEURE	MATIÈRE	CLASSE
HEURE	MATIÈRE	CLASSE
HEURE	MATIÈRE	CLASSE
HEURE	MATIÈRE	CLASSE
HEURE	MATIÈRE	CLASSE
HEURE	MATIÈRE	CLASSE
HEURE	MATIÈRE	CLASSE
HEURE	MATIÈRE	CLASSE
HEURE	MATIÈRE	CLASSE

20 DÉCEMBRE
VENDREDI

HEURE	MATIÈRE	CLASSE
HEURE	MATIÈRE	CLASSE
HEURE	MATIÈRE	CLASSE
HEURE	MATIÈRE	CLASSE
HEURE	MATIÈRE	CLASSE
HEURE	MATIÈRE	CLASSE
HEURE	MATIÈRE	CLASSE
HEURE	MATIÈRE	CLASSE
HEURE	MATIÈRE	CLASSE
HEURE	MATIÈRE	CLASSE

21 DÉCEMBRE
SAMEDI

HEURE	MATIÈRE	CLASSE
HEURE	MATIÈRE	CLASSE
HEURE	MATIÈRE	CLASSE
HEURE	MATIÈRE	CLASSE
HEURE	MATIÈRE	CLASSE
HEURE	MATIÈRE	CLASSE

22 DÉCEMBRE
DIMANCHE

51
SEMAINE DE COURS

2019

23 DÉCEMBRE
LUNDI

HEURE	MATIÈRE	CLASSE
HEURE	MATIÈRE	CLASSE
HEURE	MATIÈRE	CLASSE
HEURE	MATIÈRE	CLASSE
HEURE	MATIÈRE	CLASSE
HEURE	MATIÈRE	CLASSE
HEURE	MATIÈRE	CLASSE
HEURE	MATIÈRE	CLASSE
HEURE	MATIÈRE	CLASSE
HEURE	MATIÈRE	CLASSE

24 DÉCEMBRE
MARDI

HEURE	MATIÈRE	CLASSE
HEURE	MATIÈRE	CLASSE
HEURE	MATIÈRE	CLASSE
HEURE	MATIÈRE	CLASSE
HEURE	MATIÈRE	CLASSE
HEURE	MATIÈRE	CLASSE
HEURE	MATIÈRE	CLASSE
HEURE	MATIÈRE	CLASSE
HEURE	MATIÈRE	CLASSE
HEURE	MATIÈRE	CLASSE

25 DÉCEMBRE
MERCREDI

HEURE	MATIÈRE	CLASSE
HEURE	MATIÈRE	CLASSE
HEURE	MATIÈRE	CLASSE
HEURE	MATIÈRE	CLASSE
HEURE	MATIÈRE	CLASSE
HEURE	MATIÈRE	CLASSE
HEURE	MATIÈRE	CLASSE
HEURE	MATIÈRE	CLASSE
HEURE	MATIÈRE	CLASSE
HEURE	MATIÈRE	CLASSE

26 DÉCEMBRE — JEUDI

HEURE	MATIÈRE	CLASSE

27 DÉCEMBRE — VENDREDI

HEURE	MATIÈRE	CLASSE

28 DÉCEMBRE — SAMEDI

HEURE	MATIÈRE	CLASSE

29 DÉCEMBRE — DIMANCHE

52 SEMAINE DE COURS

2019

JANVIER 2020

1	ME	
2	JE	
3	VE	
4	SA	
5	DI	
6	LU	
7	MA	
8	ME	
9	JE	
10	VE	
11	SA	
12	DI	
13	LU	
14	MA	
15	ME	
16	JE	

17	VE	
18	SA	
19	DI	
20	LU	
21	MA	
22	ME	
23	JE	
24	VE	
25	SA	
26	DI	
27	LU	
28	MA	
29	ME	
30	JE	
31	VE	

30 DÉCEMBRE 2018
LUNDI

HEURE	MATIÈRE	CLASSE
HEURE	MATIÈRE	CLASSE
HEURE	MATIÈRE	CLASSE
HEURE	MATIÈRE	CLASSE
HEURE	MATIÈRE	CLASSE
HEURE	MATIÈRE	CLASSE
HEURE	MATIÈRE	CLASSE
HEURE	MATIÈRE	CLASSE
HEURE	MATIÈRE	CLASSE
HEURE	MATIÈRE	CLASSE

31 DÉCEMBRE
MARDI

HEURE	MATIÈRE	CLASSE
HEURE	MATIÈRE	CLASSE
HEURE	MATIÈRE	CLASSE
HEURE	MATIÈRE	CLASSE
HEURE	MATIÈRE	CLASSE
HEURE	MATIÈRE	CLASSE
HEURE	MATIÈRE	CLASSE
HEURE	MATIÈRE	CLASSE
HEURE	MATIÈRE	CLASSE
HEURE	MATIÈRE	CLASSE

1 JANVIER
MERCREDI

HEURE	MATIÈRE	CLASSE
HEURE	MATIÈRE	CLASSE
HEURE	MATIÈRE	CLASSE
HEURE	MATIÈRE	CLASSE
HEURE	MATIÈRE	CLASSE
HEURE	MATIÈRE	CLASSE
HEURE	MATIÈRE	CLASSE
HEURE	MATIÈRE	CLASSE
HEURE	MATIÈRE	CLASSE
HEURE	MATIÈRE	CLASSE

2 JANVIER JEUDI			3 JANVIER VENDREDI			4 JANVIER SAMEDI		
HEURE	MATIÈRE	CLASSE	HEURE	MATIÈRE	CLASSE	HEURE	MATIÈRE	CLASSE
HEURE	MATIÈRE	CLASSE	HEURE	MATIÈRE	CLASSE	HEURE	MATIÈRE	CLASSE
HEURE	MATIÈRE	CLASSE	HEURE	MATIÈRE	CLASSE	HEURE	MATIÈRE	CLASSE
HEURE	MATIÈRE	CLASSE	HEURE	MATIÈRE	CLASSE	HEURE	MATIÈRE	CLASSE
HEURE	MATIÈRE	CLASSE	HEURE	MATIÈRE	CLASSE	HEURE	MATIÈRE	CLASSE
HEURE	MATIÈRE	CLASSE	HEURE	MATIÈRE	CLASSE	HEURE	MATIÈRE	CLASSE
HEURE	MATIÈRE	CLASSE	HEURE	MATIÈRE	CLASSE	5 JANVIER DIMANCHE		
HEURE	MATIÈRE	CLASSE	HEURE	MATIÈRE	CLASSE			
HEURE	MATIÈRE	CLASSE	HEURE	MATIÈRE	CLASSE			
HEURE	MATIÈRE	CLASSE	HEURE	MATIÈRE	CLASSE			

1
SEMAINE DE COURS

2020

6 JANVIER — LUNDI

HEURE	MATIÈRE	CLASSE

7 JANVIER — MARDI

HEURE	MATIÈRE	CLASSE

8 JANVIER — MERCREDI

HEURE	MATIÈRE	CLASSE

9 JANVIER
JEUDI

HEURE	MATIÈRE	CLASSE
HEURE	MATIÈRE	CLASSE
HEURE	MATIÈRE	CLASSE
HEURE	MATIÈRE	CLASSE
HEURE	MATIÈRE	CLASSE
HEURE	MATIÈRE	CLASSE
HEURE	MATIÈRE	CLASSE
HEURE	MATIÈRE	CLASSE
HEURE	MATIÈRE	CLASSE

10 JANVIER
VENDREDI

HEURE	MATIÈRE	CLASSE
HEURE	MATIÈRE	CLASSE
HEURE	MATIÈRE	CLASSE
HEURE	MATIÈRE	CLASSE
HEURE	MATIÈRE	CLASSE
HEURE	MATIÈRE	CLASSE
HEURE	MATIÈRE	CLASSE
HEURE	MATIÈRE	CLASSE
HEURE	MATIÈRE	CLASSE

11 JANVIER
SAMEDI

HEURE	MATIÈRE	CLASSE
HEURE	MATIÈRE	CLASSE
HEURE	MATIÈRE	CLASSE
HEURE	MATIÈRE	CLASSE
HEURE	MATIÈRE	CLASSE
HEURE	MATIÈRE	CLASSE

12 JANVIER
DIMANCHE

2
SEMAINE DE COURS

2020

13 JANVIER
LUNDI

HEURE	MATIÈRE	CLASSE
HEURE	MATIÈRE	CLASSE
HEURE	MATIÈRE	CLASSE
HEURE	MATIÈRE	CLASSE
HEURE	MATIÈRE	CLASSE
HEURE	MATIÈRE	CLASSE
HEURE	MATIÈRE	CLASSE
HEURE	MATIÈRE	CLASSE
HEURE	MATIÈRE	CLASSE
HEURE	MATIÈRE	CLASSE

14 JANVIER
MARDI

HEURE	MATIÈRE	CLASSE
HEURE	MATIÈRE	CLASSE
HEURE	MATIÈRE	CLASSE
HEURE	MATIÈRE	CLASSE
HEURE	MATIÈRE	CLASSE
HEURE	MATIÈRE	CLASSE
HEURE	MATIÈRE	CLASSE
HEURE	MATIÈRE	CLASSE
HEURE	MATIÈRE	CLASSE
HEURE	MATIÈRE	CLASSE

15 JANVIER
MERCREDI

HEURE	MATIÈRE	CLASSE
HEURE	MATIÈRE	CLASSE
HEURE	MATIÈRE	CLASSE
HEURE	MATIÈRE	CLASSE
HEURE	MATIÈRE	CLASSE
HEURE	MATIÈRE	CLASSE
HEURE	MATIÈRE	CLASSE
HEURE	MATIÈRE	CLASSE
HEURE	MATIÈRE	CLASSE
HEURE	MATIÈRE	CLASSE

16 JANVIER JEUDI			**17** JANVIER VENDREDI			**18** JANVIER SAMEDI		
HEURE	MATIÈRE	CLASSE	HEURE	MATIÈRE	CLASSE	HEURE	MATIÈRE	CLASSE
HEURE	MATIÈRE	CLASSE	HEURE	MATIÈRE	CLASSE	HEURE	MATIÈRE	CLASSE
HEURE	MATIÈRE	CLASSE	HEURE	MATIÈRE	CLASSE	HEURE	MATIÈRE	CLASSE
HEURE	MATIÈRE	CLASSE	HEURE	MATIÈRE	CLASSE	HEURE	MATIÈRE	CLASSE
HEURE	MATIÈRE	CLASSE	HEURE	MATIÈRE	CLASSE	HEURE	MATIÈRE	CLASSE
HEURE	MATIÈRE	CLASSE	HEURE	MATIÈRE	CLASSE	HEURE	MATIÈRE	CLASSE

19 JANVIER DIMANCHE

HEURE	MATIÈRE	CLASSE	HEURE	MATIÈRE	CLASSE
HEURE	MATIÈRE	CLASSE	HEURE	MATIÈRE	CLASSE
HEURE	MATIÈRE	CLASSE	HEURE	MATIÈRE	CLASSE

3
SEMAINE DE COURS

2020

20 JANVIER
LUNDI

HEURE	MATIÈRE	CLASSE

21 JANVIER
MARDI

HEURE	MATIÈRE	CLASSE

22 JANVIER
MERCREDI

HEURE	MATIÈRE	CLASSE

23 JANVIER
JEUDI

HEURE	MATIÈRE	CLASSE
HEURE	MATIÈRE	CLASSE
HEURE	MATIÈRE	CLASSE
HEURE	MATIÈRE	CLASSE
HEURE	MATIÈRE	CLASSE
HEURE	MATIÈRE	CLASSE
HEURE	MATIÈRE	CLASSE
HEURE	MATIÈRE	CLASSE
HEURE	MATIÈRE	CLASSE

24 JANVIER
VENDREDI

HEURE	MATIÈRE	CLASSE
HEURE	MATIÈRE	CLASSE
HEURE	MATIÈRE	CLASSE
HEURE	MATIÈRE	CLASSE
HEURE	MATIÈRE	CLASSE
HEURE	MATIÈRE	CLASSE
HEURE	MATIÈRE	CLASSE
HEURE	MATIÈRE	CLASSE
HEURE	MATIÈRE	CLASSE

25 JANVIER
SAMEDI

HEURE	MATIÈRE	CLASSE
HEURE	MATIÈRE	CLASSE
HEURE	MATIÈRE	CLASSE
HEURE	MATIÈRE	CLASSE
HEURE	MATIÈRE	CLASSE
HEURE	MATIÈRE	CLASSE

26 JANVIER
DIMANCHE

4
SEMAINE DE COURS

2020

27 JANVIER
LUNDI

HEURE	MATIÈRE	CLASSE
HEURE	MATIÈRE	CLASSE
HEURE	MATIÈRE	CLASSE
HEURE	MATIÈRE	CLASSE
HEURE	MATIÈRE	CLASSE
HEURE	MATIÈRE	CLASSE
HEURE	MATIÈRE	CLASSE
HEURE	MATIÈRE	CLASSE
HEURE	MATIÈRE	CLASSE
HEURE	MATIÈRE	CLASSE

28 JANVIER
MARDI

HEURE	MATIÈRE	CLASSE
HEURE	MATIÈRE	CLASSE
HEURE	MATIÈRE	CLASSE
HEURE	MATIÈRE	CLASSE
HEURE	MATIÈRE	CLASSE
HEURE	MATIÈRE	CLASSE
HEURE	MATIÈRE	CLASSE
HEURE	MATIÈRE	CLASSE
HEURE	MATIÈRE	CLASSE
HEURE	MATIÈRE	CLASSE

29 JANVIER
MERCREDI

HEURE	MATIÈRE	CLASSE
HEURE	MATIÈRE	CLASSE
HEURE	MATIÈRE	CLASSE
HEURE	MATIÈRE	CLASSE
HEURE	MATIÈRE	CLASSE
HEURE	MATIÈRE	CLASSE
HEURE	MATIÈRE	CLASSE
HEURE	MATIÈRE	CLASSE
HEURE	MATIÈRE	CLASSE
HEURE	MATIÈRE	CLASSE

30 JANVIER — JEUDI

HEURE	MATIÈRE	CLASSE

31 JANVIER — VENDREDI

HEURE	MATIÈRE	CLASSE

1 FÉVRIER — SAMEDI

HEURE	MATIÈRE	CLASSE

2 FÉVRIER — DIMANCHE

5
SEMAINE DE COURS

2020

FÉVRIER 2020

1	SA	
2	DI	
3	LU	
4	MA	
5	ME	
6	JE	
7	VE	
8	SA	
9	DI	
10	LU	
11	MA	
12	ME	
13	JE	
14	VE	
15	SA	
16	DI	

17	LU
18	MA
19	ME
20	JE
21	VE
22	SA
23	DI
24	LU
25	MA
26	ME
27	JE
28	VE
29	SA

3 FÉVRIER — LUNDI

HEURE	MATIÈRE	CLASSE

4 FÉVRIER — MARDI

HEURE	MATIÈRE	CLASSE

5 FÉVRIER — MERCREDI

HEURE	MATIÈRE	CLASSE

6 FÉVRIER — JEUDI

HEURE	MATIÈRE	CLASSE

7 FÉVRIER — VENDREDI

HEURE	MATIÈRE	CLASSE

8 FÉVRIER — SAMEDI

HEURE	MATIÈRE	CLASSE

9 FÉVRIER — DIMANCHE

SEMAINE DE COURS 6

2020

10 FÉVRIER LUNDI			11 FÉVRIER MARDI			12 FÉVRIER MERCREDI		
HEURE	MATIÈRE	CLASSE	HEURE	MATIÈRE	CLASSE	HEURE	MATIÈRE	CLASSE
HEURE	MATIÈRE	CLASSE	HEURE	MATIÈRE	CLASSE	HEURE	MATIÈRE	CLASSE
HEURE	MATIÈRE	CLASSE	HEURE	MATIÈRE	CLASSE	HEURE	MATIÈRE	CLASSE
HEURE	MATIÈRE	CLASSE	HEURE	MATIÈRE	CLASSE	HEURE	MATIÈRE	CLASSE
HEURE	MATIÈRE	CLASSE	HEURE	MATIÈRE	CLASSE	HEURE	MATIÈRE	CLASSE
HEURE	MATIÈRE	CLASSE	HEURE	MATIÈRE	CLASSE	HEURE	MATIÈRE	CLASSE
HEURE	MATIÈRE	CLASSE	HEURE	MATIÈRE	CLASSE	HEURE	MATIÈRE	CLASSE
HEURE	MATIÈRE	CLASSE	HEURE	MATIÈRE	CLASSE	HEURE	MATIÈRE	CLASSE
HEURE	MATIÈRE	CLASSE	HEURE	MATIÈRE	CLASSE	HEURE	MATIÈRE	CLASSE
HEURE	MATIÈRE	CLASSE	HEURE	MATIÈRE	CLASSE	HEURE	MATIÈRE	CLASSE

13 FÉVRIER
JEUDI

HEURE	MATIÈRE	CLASSE
HEURE	MATIÈRE	CLASSE
HEURE	MATIÈRE	CLASSE
HEURE	MATIÈRE	CLASSE
HEURE	MATIÈRE	CLASSE
HEURE	MATIÈRE	CLASSE
HEURE	MATIÈRE	CLASSE
HEURE	MATIÈRE	CLASSE
HEURE	MATIÈRE	CLASSE

14 FÉVRIER
VENDREDI

HEURE	MATIÈRE	CLASSE
HEURE	MATIÈRE	CLASSE
HEURE	MATIÈRE	CLASSE
HEURE	MATIÈRE	CLASSE
HEURE	MATIÈRE	CLASSE
HEURE	MATIÈRE	CLASSE
HEURE	MATIÈRE	CLASSE
HEURE	MATIÈRE	CLASSE
HEURE	MATIÈRE	CLASSE

15 FÉVRIER
SAMEDI

HEURE	MATIÈRE	CLASSE
HEURE	MATIÈRE	CLASSE
HEURE	MATIÈRE	CLASSE
HEURE	MATIÈRE	CLASSE
HEURE	MATIÈRE	CLASSE
HEURE	MATIÈRE	CLASSE

16 FÉVRIER
DIMANCHE

7
SEMAINE DE COURS

2020

17 FÉVRIER — LUNDI

HEURE	MATIÈRE	CLASSE

18 FÉVRIER — MARDI

HEURE	MATIÈRE	CLASSE

19 FÉVRIER — MERCREDI

HEURE	MATIÈRE	CLASSE

20 FÉVRIER
JEUDI

HEURE	MATIÈRE	CLASSE
HEURE	MATIÈRE	CLASSE
HEURE	MATIÈRE	CLASSE
HEURE	MATIÈRE	CLASSE
HEURE	MATIÈRE	CLASSE
HEURE	MATIÈRE	CLASSE
HEURE	MATIÈRE	CLASSE
HEURE	MATIÈRE	CLASSE
HEURE	MATIÈRE	CLASSE
HEURE	MATIÈRE	CLASSE

21 FÉVRIER
VENDREDI

HEURE	MATIÈRE	CLASSE
HEURE	MATIÈRE	CLASSE
HEURE	MATIÈRE	CLASSE
HEURE	MATIÈRE	CLASSE
HEURE	MATIÈRE	CLASSE
HEURE	MATIÈRE	CLASSE
HEURE	MATIÈRE	CLASSE
HEURE	MATIÈRE	CLASSE
HEURE	MATIÈRE	CLASSE
HEURE	MATIÈRE	CLASSE

22 FÉVRIER
SAMEDI

HEURE	MATIÈRE	CLASSE
HEURE	MATIÈRE	CLASSE
HEURE	MATIÈRE	CLASSE
HEURE	MATIÈRE	CLASSE
HEURE	MATIÈRE	CLASSE
HEURE	MATIÈRE	CLASSE

23 FÉVRIER
DIMANCHE

8
SEMAINE DE COURS

2020

24 FÉVRIER — LUNDI

HEURE	MATIÈRE	CLASSE

25 FÉVRIER — MARDI

HEURE	MATIÈRE	CLASSE

26 FÉVRIER — MERCREDI

HEURE	MATIÈRE	CLASSE

27 FÉVRIER — JEUDI

HEURE	MATIÈRE	CLASSE
HEURE	MATIÈRE	CLASSE
HEURE	MATIÈRE	CLASSE
HEURE	MATIÈRE	CLASSE
HEURE	MATIÈRE	CLASSE
HEURE	MATIÈRE	CLASSE
HEURE	MATIÈRE	CLASSE
HEURE	MATIÈRE	CLASSE
HEURE	MATIÈRE	CLASSE

28 FÉVRIER — VENDREDI

HEURE	MATIÈRE	CLASSE
HEURE	MATIÈRE	CLASSE
HEURE	MATIÈRE	CLASSE
HEURE	MATIÈRE	CLASSE
HEURE	MATIÈRE	CLASSE
HEURE	MATIÈRE	CLASSE
HEURE	MATIÈRE	CLASSE
HEURE	MATIÈRE	CLASSE
HEURE	MATIÈRE	CLASSE

29 FÉVRIER — SAMEDI

HEURE	MATIÈRE	CLASSE
HEURE	MATIÈRE	CLASSE
HEURE	MATIÈRE	CLASSE
HEURE	MATIÈRE	CLASSE
HEURE	MATIÈRE	CLASSE
HEURE	MATIÈRE	CLASSE

1 MARS — DIMANCHE

9 SEMAINE DE COURS

2020

MARS 2020

1	DI	
2	LU	
3	MA	
4	ME	
5	JE	
6	VE	
7	SA	
8	DI	
9	LU	
10	MA	
11	ME	
12	JE	
13	VE	
14	SA	
15	DI	
16	LU	

17	MA	
18	ME	
19	JE	
20	VE	
21	SA	
22	DI	
23	LU	
24	MA	
25	ME	
26	JE	
27	VE	
28	SA	
29	DI	
30	LU	
31	MA	

2 MARS — LUNDI

HEURE	MATIÈRE	CLASSE

3 MARS — MARDI

HEURE	MATIÈRE	CLASSE

4 MARS — MERCREDI

HEURE	MATIÈRE	CLASSE

5 MARS
JEUDI

HEURE	MATIÈRE	CLASSE
HEURE	MATIÈRE	CLASSE
HEURE	MATIÈRE	CLASSE
HEURE	MATIÈRE	CLASSE
HEURE	MATIÈRE	CLASSE
HEURE	MATIÈRE	CLASSE
HEURE	MATIÈRE	CLASSE
HEURE	MATIÈRE	CLASSE
HEURE	MATIÈRE	CLASSE

6 MARS
VENDREDI

HEURE	MATIÈRE	CLASSE
HEURE	MATIÈRE	CLASSE
HEURE	MATIÈRE	CLASSE
HEURE	MATIÈRE	CLASSE
HEURE	MATIÈRE	CLASSE
HEURE	MATIÈRE	CLASSE
HEURE	MATIÈRE	CLASSE
HEURE	MATIÈRE	CLASSE
HEURE	MATIÈRE	CLASSE

7 MARS
SAMEDI

HEURE	MATIÈRE	CLASSE
HEURE	MATIÈRE	CLASSE
HEURE	MATIÈRE	CLASSE
HEURE	MATIÈRE	CLASSE
HEURE	MATIÈRE	CLASSE
HEURE	MATIÈRE	CLASSE

8 MARS
DIMANCHE

10
SEMAINE DE COURS

2020

9 MARS — LUNDI

HEURE	MATIÈRE	CLASSE

10 MARS — MARDI

HEURE	MATIÈRE	CLASSE

11 MARS — MERCREDI

HEURE	MATIÈRE	CLASSE

12 MARS
JEUDI

HEURE	MATIÈRE	CLASSE
HEURE	MATIÈRE	CLASSE
HEURE	MATIÈRE	CLASSE
HEURE	MATIÈRE	CLASSE
HEURE	MATIÈRE	CLASSE
HEURE	MATIÈRE	CLASSE
HEURE	MATIÈRE	CLASSE
HEURE	MATIÈRE	CLASSE
HEURE	MATIÈRE	CLASSE

13 MARS
VENDREDI

HEURE	MATIÈRE	CLASSE
HEURE	MATIÈRE	CLASSE
HEURE	MATIÈRE	CLASSE
HEURE	MATIÈRE	CLASSE
HEURE	MATIÈRE	CLASSE
HEURE	MATIÈRE	CLASSE
HEURE	MATIÈRE	CLASSE
HEURE	MATIÈRE	CLASSE
HEURE	MATIÈRE	CLASSE

14 MARS
SAMEDI

HEURE	MATIÈRE	CLASSE
HEURE	MATIÈRE	CLASSE
HEURE	MATIÈRE	CLASSE
HEURE	MATIÈRE	CLASSE
HEURE	MATIÈRE	CLASSE
HEURE	MATIÈRE	CLASSE

15 MARS
DIMANCHE

11 SEMAINE DE COURS

2020

16 MARS LUNDI			17 MARS MARDI			18 MARS MERCREDI		
HEURE	MATIÈRE	CLASSE	HEURE	MATIÈRE	CLASSE	HEURE	MATIÈRE	CLASSE
HEURE	MATIÈRE	CLASSE	HEURE	MATIÈRE	CLASSE	HEURE	MATIÈRE	CLASSE
HEURE	MATIÈRE	CLASSE	HEURE	MATIÈRE	CLASSE	HEURE	MATIÈRE	CLASSE
HEURE	MATIÈRE	CLASSE	HEURE	MATIÈRE	CLASSE	HEURE	MATIÈRE	CLASSE
HEURE	MATIÈRE	CLASSE	HEURE	MATIÈRE	CLASSE	HEURE	MATIÈRE	CLASSE
HEURE	MATIÈRE	CLASSE	HEURE	MATIÈRE	CLASSE	HEURE	MATIÈRE	CLASSE
HEURE	MATIÈRE	CLASSE	HEURE	MATIÈRE	CLASSE	HEURE	MATIÈRE	CLASSE
HEURE	MATIÈRE	CLASSE	HEURE	MATIÈRE	CLASSE	HEURE	MATIÈRE	CLASSE
HEURE	MATIÈRE	CLASSE	HEURE	MATIÈRE	CLASSE	HEURE	MATIÈRE	CLASSE
HEURE	MATIÈRE	CLASSE	HEURE	MATIÈRE	CLASSE	HEURE	MATIÈRE	CLASSE

19 MARS — JEUDI

HEURE	MATIÈRE	CLASSE
HEURE	MATIÈRE	CLASSE
HEURE	MATIÈRE	CLASSE
HEURE	MATIÈRE	CLASSE
HEURE	MATIÈRE	CLASSE
HEURE	MATIÈRE	CLASSE
HEURE	MATIÈRE	CLASSE
HEURE	MATIÈRE	CLASSE
HEURE	MATIÈRE	CLASSE

20 MARS — VENDREDI

HEURE	MATIÈRE	CLASSE
HEURE	MATIÈRE	CLASSE
HEURE	MATIÈRE	CLASSE
HEURE	MATIÈRE	CLASSE
HEURE	MATIÈRE	CLASSE
HEURE	MATIÈRE	CLASSE
HEURE	MATIÈRE	CLASSE
HEURE	MATIÈRE	CLASSE
HEURE	MATIÈRE	CLASSE

21 MARS — SAMEDI

HEURE	MATIÈRE	CLASSE
HEURE	MATIÈRE	CLASSE
HEURE	MATIÈRE	CLASSE
HEURE	MATIÈRE	CLASSE
HEURE	MATIÈRE	CLASSE
HEURE	MATIÈRE	CLASSE

22 MARS — DIMANCHE

12
SEMAINE DE COURS

2020

23 MARS
LUNDI

HEURE	MATIÈRE	CLASSE
HEURE	MATIÈRE	CLASSE
HEURE	MATIÈRE	CLASSE
HEURE	MATIÈRE	CLASSE
HEURE	MATIÈRE	CLASSE
HEURE	MATIÈRE	CLASSE
HEURE	MATIÈRE	CLASSE
HEURE	MATIÈRE	CLASSE
HEURE	MATIÈRE	CLASSE

24 MARS
MARDI

HEURE	MATIÈRE	CLASSE
HEURE	MATIÈRE	CLASSE
HEURE	MATIÈRE	CLASSE
HEURE	MATIÈRE	CLASSE
HEURE	MATIÈRE	CLASSE
HEURE	MATIÈRE	CLASSE
HEURE	MATIÈRE	CLASSE
HEURE	MATIÈRE	CLASSE
HEURE	MATIÈRE	CLASSE

25 MARS
MERCREDI

HEURE	MATIÈRE	CLASSE
HEURE	MATIÈRE	CLASSE
HEURE	MATIÈRE	CLASSE
HEURE	MATIÈRE	CLASSE
HEURE	MATIÈRE	CLASSE
HEURE	MATIÈRE	CLASSE
HEURE	MATIÈRE	CLASSE
HEURE	MATIÈRE	CLASSE
HEURE	MATIÈRE	CLASSE

26 MARS
JEUDI

HEURE	MATIÈRE	CLASSE
HEURE	MATIÈRE	CLASSE
HEURE	MATIÈRE	CLASSE
HEURE	MATIÈRE	CLASSE
HEURE	MATIÈRE	CLASSE
HEURE	MATIÈRE	CLASSE
HEURE	MATIÈRE	CLASSE
HEURE	MATIÈRE	CLASSE
HEURE	MATIÈRE	CLASSE

27 MARS
VENDREDI

HEURE	MATIÈRE	CLASSE
HEURE	MATIÈRE	CLASSE
HEURE	MATIÈRE	CLASSE
HEURE	MATIÈRE	CLASSE
HEURE	MATIÈRE	CLASSE
HEURE	MATIÈRE	CLASSE
HEURE	MATIÈRE	CLASSE
HEURE	MATIÈRE	CLASSE
HEURE	MATIÈRE	CLASSE

28 MARS
SAMEDI

HEURE	MATIÈRE	CLASSE
HEURE	MATIÈRE	CLASSE
HEURE	MATIÈRE	CLASSE
HEURE	MATIÈRE	CLASSE
HEURE	MATIÈRE	CLASSE

29 MARS
DIMANCHE

13
SEMAINE DE COURS

2020

AVRIL 2020

1	ME	
2	JE	
3	VE	
4	SA	
5	DI	
6	LU	
7	MA	
8	ME	
9	JE	
10	VE	
11	SA	
12	DI	
13	LU	
14	MA	
15	ME	
16	JE	

17	VE	
18	SA	
19	DI	
20	LU	
21	MA	
22	ME	
23	JE	
24	VE	
25	SA	
26	DI	
27	LU	
28	MA	
29	ME	
30	JE	

30 MARS — LUNDI

HEURE	MATIÈRE	CLASSE

31 MARS — MARDI

HEURE	MATIÈRE	CLASSE

1 AVRIL — MERCREDI

HEURE	MATIÈRE	CLASSE

2 AVRIL — JEUDI

HEURE	MATIÈRE	CLASSE

3 AVRIL — VENDREDI

HEURE	MATIÈRE	CLASSE

4 AVRIL — SAMEDI

HEURE	MATIÈRE	CLASSE

5 AVRIL — DIMANCHE

14 SEMAINE DE COURS

2020

6 AVRIL
LUNDI

HEURE	MATIÈRE	CLASSE

7 AVRIL
MARDI

HEURE	MATIÈRE	CLASSE

8 AVRIL
MERCREDI

HEURE	MATIÈRE	CLASSE

9 AVRIL
JEUDI

HEURE	MATIÈRE	CLASSE
HEURE	MATIÈRE	CLASSE
HEURE	MATIÈRE	CLASSE
HEURE	MATIÈRE	CLASSE
HEURE	MATIÈRE	CLASSE
HEURE	MATIÈRE	CLASSE
HEURE	MATIÈRE	CLASSE
HEURE	MATIÈRE	CLASSE
HEURE	MATIÈRE	CLASSE

10 AVRIL
VENDREDI

HEURE	MATIÈRE	CLASSE
HEURE	MATIÈRE	CLASSE
HEURE	MATIÈRE	CLASSE
HEURE	MATIÈRE	CLASSE
HEURE	MATIÈRE	CLASSE
HEURE	MATIÈRE	CLASSE
HEURE	MATIÈRE	CLASSE
HEURE	MATIÈRE	CLASSE
HEURE	MATIÈRE	CLASSE

11 AVRIL
SAMEDI

HEURE	MATIÈRE	CLASSE
HEURE	MATIÈRE	CLASSE
HEURE	MATIÈRE	CLASSE
HEURE	MATIÈRE	CLASSE
HEURE	MATIÈRE	CLASSE
HEURE	MATIÈRE	CLASSE

12 AVRIL
DIMANCHE

15
SEMAINE DE COURS

2020

13 AVRIL
LUNDI

HEURE	MATIÈRE	CLASSE
HEURE	MATIÈRE	CLASSE
HEURE	MATIÈRE	CLASSE
HEURE	MATIÈRE	CLASSE
HEURE	MATIÈRE	CLASSE
HEURE	MATIÈRE	CLASSE
HEURE	MATIÈRE	CLASSE
HEURE	MATIÈRE	CLASSE
HEURE	MATIÈRE	CLASSE
HEURE	MATIÈRE	CLASSE
HEURE	MATIÈRE	CLASSE

14 AVRIL
MARDI

HEURE	MATIÈRE	CLASSE
HEURE	MATIÈRE	CLASSE
HEURE	MATIÈRE	CLASSE
HEURE	MATIÈRE	CLASSE
HEURE	MATIÈRE	CLASSE
HEURE	MATIÈRE	CLASSE
HEURE	MATIÈRE	CLASSE
HEURE	MATIÈRE	CLASSE
HEURE	MATIÈRE	CLASSE
HEURE	MATIÈRE	CLASSE
HEURE	MATIÈRE	CLASSE

15 AVRIL
MERCREDI

HEURE	MATIÈRE	CLASSE
HEURE	MATIÈRE	CLASSE
HEURE	MATIÈRE	CLASSE
HEURE	MATIÈRE	CLASSE
HEURE	MATIÈRE	CLASSE
HEURE	MATIÈRE	CLASSE
HEURE	MATIÈRE	CLASSE
HEURE	MATIÈRE	CLASSE
HEURE	MATIÈRE	CLASSE
HEURE	MATIÈRE	CLASSE
HEURE	MATIÈRE	CLASSE

16 AVRIL — JEUDI

HEURE	MATIÈRE	CLASSE

17 AVRIL — VENDREDI

HEURE	MATIÈRE	CLASSE

18 AVRIL — SAMEDI

HEURE	MATIÈRE	CLASSE

19 AVRIL — DIMANCHE

2020

20 AVRIL — LUNDI

HEURE	MATIÈRE	CLASSE

21 AVRIL — MARDI

HEURE	MATIÈRE	CLASSE

22 AVRIL — MERCREDI

HEURE	MATIÈRE	CLASSE

23 AVRIL
JEUDI

HEURE	MATIÈRE	CLASSE
HEURE	MATIÈRE	CLASSE
HEURE	MATIÈRE	CLASSE
HEURE	MATIÈRE	CLASSE
HEURE	MATIÈRE	CLASSE
HEURE	MATIÈRE	CLASSE
HEURE	MATIÈRE	CLASSE
HEURE	MATIÈRE	CLASSE
HEURE	MATIÈRE	CLASSE

24 AVRIL
VENDREDI

HEURE	MATIÈRE	CLASSE
HEURE	MATIÈRE	CLASSE
HEURE	MATIÈRE	CLASSE
HEURE	MATIÈRE	CLASSE
HEURE	MATIÈRE	CLASSE
HEURE	MATIÈRE	CLASSE
HEURE	MATIÈRE	CLASSE
HEURE	MATIÈRE	CLASSE
HEURE	MATIÈRE	CLASSE

25 AVRIL
SAMEDI

HEURE	MATIÈRE	CLASSE
HEURE	MATIÈRE	CLASSE
HEURE	MATIÈRE	CLASSE
HEURE	MATIÈRE	CLASSE
HEURE	MATIÈRE	CLASSE
HEURE	MATIÈRE	CLASSE

26 AVRIL
DIMANCHE

17
SEMAINE DE COURS

2020

27 AVRIL
LUNDI

HEURE	MATIÈRE	CLASSE
HEURE	MATIÈRE	CLASSE
HEURE	MATIÈRE	CLASSE
HEURE	MATIÈRE	CLASSE
HEURE	MATIÈRE	CLASSE
HEURE	MATIÈRE	CLASSE
HEURE	MATIÈRE	CLASSE
HEURE	MATIÈRE	CLASSE
HEURE	MATIÈRE	CLASSE
HEURE	MATIÈRE	CLASSE
HEURE	MATIÈRE	CLASSE

28 AVRIL
MARDI

HEURE	MATIÈRE	CLASSE
HEURE	MATIÈRE	CLASSE
HEURE	MATIÈRE	CLASSE
HEURE	MATIÈRE	CLASSE
HEURE	MATIÈRE	CLASSE
HEURE	MATIÈRE	CLASSE
HEURE	MATIÈRE	CLASSE
HEURE	MATIÈRE	CLASSE
HEURE	MATIÈRE	CLASSE
HEURE	MATIÈRE	CLASSE
HEURE	MATIÈRE	CLASSE

29 AVRIL
MERCREDI

HEURE	MATIÈRE	CLASSE
HEURE	MATIÈRE	CLASSE
HEURE	MATIÈRE	CLASSE
HEURE	MATIÈRE	CLASSE
HEURE	MATIÈRE	CLASSE
HEURE	MATIÈRE	CLASSE
HEURE	MATIÈRE	CLASSE
HEURE	MATIÈRE	CLASSE
HEURE	MATIÈRE	CLASSE
HEURE	MATIÈRE	CLASSE
HEURE	MATIÈRE	CLASSE

30 AVRIL — JEUDI

HEURE	MATIÈRE	CLASSE

1 MAI — VENDREDI

HEURE	MATIÈRE	CLASSE

2 MAI — SAMEDI

HEURE	MATIÈRE	CLASSE

3 MAI — DIMANCHE

18
SEMAINE DE COURS

2020

MAI 2020

1	VE	
2	SA	
3	DI	
4	LU	
5	MA	
6	ME	
7	JE	
8	VE	
9	SA	
10	DI	
11	LU	
12	MA	
13	ME	
14	JE	
15	VE	
16	SA	

17	DI	
18	LU	
19	MA	
20	ME	
21	JE	
22	VE	
23	SA	
24	DI	
25	LU	
26	MA	
27	ME	
28	JE	
29	VE	
30	SA	
31	DI	

4 MAI
LUNDI

HEURE	MATIÈRE	CLASSE
HEURE	MATIÈRE	CLASSE
HEURE	MATIÈRE	CLASSE
HEURE	MATIÈRE	CLASSE
HEURE	MATIÈRE	CLASSE
HEURE	MATIÈRE	CLASSE
HEURE	MATIÈRE	CLASSE
HEURE	MATIÈRE	CLASSE
HEURE	MATIÈRE	CLASSE
HEURE	MATIÈRE	CLASSE

5 MAI
MARDI

HEURE	MATIÈRE	CLASSE
HEURE	MATIÈRE	CLASSE
HEURE	MATIÈRE	CLASSE
HEURE	MATIÈRE	CLASSE
HEURE	MATIÈRE	CLASSE
HEURE	MATIÈRE	CLASSE
HEURE	MATIÈRE	CLASSE
HEURE	MATIÈRE	CLASSE
HEURE	MATIÈRE	CLASSE
HEURE	MATIÈRE	CLASSE

6 MAI
MERCREDI

HEURE	MATIÈRE	CLASSE
HEURE	MATIÈRE	CLASSE
HEURE	MATIÈRE	CLASSE
HEURE	MATIÈRE	CLASSE
HEURE	MATIÈRE	CLASSE
HEURE	MATIÈRE	CLASSE
HEURE	MATIÈRE	CLASSE
HEURE	MATIÈRE	CLASSE
HEURE	MATIÈRE	CLASSE
HEURE	MATIÈRE	CLASSE

7 MAI
JEUDI

HEURE	MATIÈRE	CLASSE
HEURE	MATIÈRE	CLASSE
HEURE	MATIÈRE	CLASSE
HEURE	MATIÈRE	CLASSE
HEURE	MATIÈRE	CLASSE
HEURE	MATIÈRE	CLASSE
HEURE	MATIÈRE	CLASSE
HEURE	MATIÈRE	CLASSE
HEURE	MATIÈRE	CLASSE

8 MAI
VENDREDI

HEURE	MATIÈRE	CLASSE
HEURE	MATIÈRE	CLASSE
HEURE	MATIÈRE	CLASSE
HEURE	MATIÈRE	CLASSE
HEURE	MATIÈRE	CLASSE
HEURE	MATIÈRE	CLASSE
HEURE	MATIÈRE	CLASSE
HEURE	MATIÈRE	CLASSE
HEURE	MATIÈRE	CLASSE

9 MAI
SAMEDI

HEURE	MATIÈRE	CLASSE
HEURE	MATIÈRE	CLASSE
HEURE	MATIÈRE	CLASSE
HEURE	MATIÈRE	CLASSE
HEURE	MATIÈRE	CLASSE
HEURE	MATIÈRE	CLASSE

10 MAI
DIMANCHE

19
SEMAINE DE COURS

2020

11 MAI — LUNDI

HEURE	MATIÈRE	CLASSE

12 MAI — MARDI

HEURE	MATIÈRE	CLASSE

13 MAI — MERCREDI

HEURE	MATIÈRE	CLASSE

14 MAI
JEUDI

HEURE	MATIÈRE	CLASSE
HEURE	MATIÈRE	CLASSE
HEURE	MATIÈRE	CLASSE
HEURE	MATIÈRE	CLASSE
HEURE	MATIÈRE	CLASSE
HEURE	MATIÈRE	CLASSE
HEURE	MATIÈRE	CLASSE
HEURE	MATIÈRE	CLASSE
HEURE	MATIÈRE	CLASSE

15 MAI
VENDREDI

HEURE	MATIÈRE	CLASSE
HEURE	MATIÈRE	CLASSE
HEURE	MATIÈRE	CLASSE
HEURE	MATIÈRE	CLASSE
HEURE	MATIÈRE	CLASSE
HEURE	MATIÈRE	CLASSE
HEURE	MATIÈRE	CLASSE
HEURE	MATIÈRE	CLASSE
HEURE	MATIÈRE	CLASSE

16 MAI
SAMEDI

HEURE	MATIÈRE	CLASSE
HEURE	MATIÈRE	CLASSE
HEURE	MATIÈRE	CLASSE
HEURE	MATIÈRE	CLASSE
HEURE	MATIÈRE	CLASSE
HEURE	MATIÈRE	CLASSE

17 MAI
DIMANCHE

20
SEMAINE DE COURS

2020

18 MAI — LUNDI

HEURE	MATIÈRE	CLASSE

19 MAI — MARDI

HEURE	MATIÈRE	CLASSE

20 MAI — MERCREDI

HEURE	MATIÈRE	CLASSE

21 MAI — JEUDI

HEURE	MATIÈRE	CLASSE
HEURE	MATIÈRE	CLASSE
HEURE	MATIÈRE	CLASSE
HEURE	MATIÈRE	CLASSE
HEURE	MATIÈRE	CLASSE
HEURE	MATIÈRE	CLASSE
HEURE	MATIÈRE	CLASSE
HEURE	MATIÈRE	CLASSE
HEURE	MATIÈRE	CLASSE
HEURE	MATIÈRE	CLASSE

22 MAI — VENDREDI

HEURE	MATIÈRE	CLASSE
HEURE	MATIÈRE	CLASSE
HEURE	MATIÈRE	CLASSE
HEURE	MATIÈRE	CLASSE
HEURE	MATIÈRE	CLASSE
HEURE	MATIÈRE	CLASSE
HEURE	MATIÈRE	CLASSE
HEURE	MATIÈRE	CLASSE
HEURE	MATIÈRE	CLASSE
HEURE	MATIÈRE	CLASSE

23 MAI — SAMEDI

HEURE	MATIÈRE	CLASSE
HEURE	MATIÈRE	CLASSE
HEURE	MATIÈRE	CLASSE
HEURE	MATIÈRE	CLASSE
HEURE	MATIÈRE	CLASSE
HEURE	MATIÈRE	CLASSE

24 MAI — DIMANCHE

21
SEMAINE DE COURS

2020

25 MAI — LUNDI

HEURE	MATIÈRE	CLASSE

26 MAI — MARDI

HEURE	MATIÈRE	CLASSE

27 MAI — MERCREDI

HEURE	MATIÈRE	CLASSE

28 MAI — JEUDI

HEURE	MATIÈRE	CLASSE

29 MAI — VENDREDI

HEURE	MATIÈRE	CLASSE

30 MAI — SAMEDI

HEURE	MATIÈRE	CLASSE

31 MAI — DIMANCHE

22
SEMAINE DE COURS

2020

JUIN 2020

1	LU	
2	MA	
3	ME	
4	JE	
5	VE	
6	SA	
7	DI	
8	LU	
9	MA	
10	ME	
11	JE	
12	VE	
13	SA	
14	DI	
15	LU	
16	MA	

17 ME	
18 JE	
19 VE	
20 SA	
21 DI	
22 LU	
23 MA	
24 ME	
25 JE	
26 VE	
27 SA	
28 DI	
29 LU	
30 MA	

1 JUIN
LUNDI

HEURE	MATIÈRE	CLASSE
HEURE	MATIÈRE	CLASSE
HEURE	MATIÈRE	CLASSE
HEURE	MATIÈRE	CLASSE
HEURE	MATIÈRE	CLASSE
HEURE	MATIÈRE	CLASSE
HEURE	MATIÈRE	CLASSE
HEURE	MATIÈRE	CLASSE
HEURE	MATIÈRE	CLASSE
HEURE	MATIÈRE	CLASSE

2 JUIN
MARDI

HEURE	MATIÈRE	CLASSE
HEURE	MATIÈRE	CLASSE
HEURE	MATIÈRE	CLASSE
HEURE	MATIÈRE	CLASSE
HEURE	MATIÈRE	CLASSE
HEURE	MATIÈRE	CLASSE
HEURE	MATIÈRE	CLASSE
HEURE	MATIÈRE	CLASSE
HEURE	MATIÈRE	CLASSE
HEURE	MATIÈRE	CLASSE

3 JUIN
MERCREDI

HEURE	MATIÈRE	CLASSE
HEURE	MATIÈRE	CLASSE
HEURE	MATIÈRE	CLASSE
HEURE	MATIÈRE	CLASSE
HEURE	MATIÈRE	CLASSE
HEURE	MATIÈRE	CLASSE
HEURE	MATIÈRE	CLASSE
HEURE	MATIÈRE	CLASSE
HEURE	MATIÈRE	CLASSE
HEURE	MATIÈRE	CLASSE

4 JUIN — JEUDI

HEURE	MATIÈRE	CLASSE
HEURE	MATIÈRE	CLASSE
HEURE	MATIÈRE	CLASSE
HEURE	MATIÈRE	CLASSE
HEURE	MATIÈRE	CLASSE
HEURE	MATIÈRE	CLASSE
HEURE	MATIÈRE	CLASSE
HEURE	MATIÈRE	CLASSE
HEURE	MATIÈRE	CLASSE
HEURE	MATIÈRE	CLASSE

5 JUIN — VENDREDI

HEURE	MATIÈRE	CLASSE
HEURE	MATIÈRE	CLASSE
HEURE	MATIÈRE	CLASSE
HEURE	MATIÈRE	CLASSE
HEURE	MATIÈRE	CLASSE
HEURE	MATIÈRE	CLASSE
HEURE	MATIÈRE	CLASSE
HEURE	MATIÈRE	CLASSE
HEURE	MATIÈRE	CLASSE
HEURE	MATIÈRE	CLASSE

6 JUIN — SAMEDI

HEURE	MATIÈRE	CLASSE
HEURE	MATIÈRE	CLASSE
HEURE	MATIÈRE	CLASSE
HEURE	MATIÈRE	CLASSE
HEURE	MATIÈRE	CLASSE
HEURE	MATIÈRE	CLASSE

7 JUIN — DIMANCHE

23 SEMAINE DE COURS — 2020

8 JUIN — LUNDI

HEURE	MATIÈRE	CLASSE
HEURE	MATIÈRE	CLASSE
HEURE	MATIÈRE	CLASSE
HEURE	MATIÈRE	CLASSE
HEURE	MATIÈRE	CLASSE
HEURE	MATIÈRE	CLASSE
HEURE	MATIÈRE	CLASSE
HEURE	MATIÈRE	CLASSE
HEURE	MATIÈRE	CLASSE
HEURE	MATIÈRE	CLASSE

9 JUIN — MARDI

HEURE	MATIÈRE	CLASSE
HEURE	MATIÈRE	CLASSE
HEURE	MATIÈRE	CLASSE
HEURE	MATIÈRE	CLASSE
HEURE	MATIÈRE	CLASSE
HEURE	MATIÈRE	CLASSE
HEURE	MATIÈRE	CLASSE
HEURE	MATIÈRE	CLASSE
HEURE	MATIÈRE	CLASSE
HEURE	MATIÈRE	CLASSE

10 JUIN — MERCREDI

HEURE	MATIÈRE	CLASSE
HEURE	MATIÈRE	CLASSE
HEURE	MATIÈRE	CLASSE
HEURE	MATIÈRE	CLASSE
HEURE	MATIÈRE	CLASSE
HEURE	MATIÈRE	CLASSE
HEURE	MATIÈRE	CLASSE
HEURE	MATIÈRE	CLASSE
HEURE	MATIÈRE	CLASSE
HEURE	MATIÈRE	CLASSE

11 JUIN — JEUDI

HEURE	MATIÈRE	CLASSE
HEURE	MATIÈRE	CLASSE
HEURE	MATIÈRE	CLASSE
HEURE	MATIÈRE	CLASSE
HEURE	MATIÈRE	CLASSE
HEURE	MATIÈRE	CLASSE
HEURE	MATIÈRE	CLASSE
HEURE	MATIÈRE	CLASSE
HEURE	MATIÈRE	CLASSE

12 JUIN — VENDREDI

HEURE	MATIÈRE	CLASSE
HEURE	MATIÈRE	CLASSE
HEURE	MATIÈRE	CLASSE
HEURE	MATIÈRE	CLASSE
HEURE	MATIÈRE	CLASSE
HEURE	MATIÈRE	CLASSE
HEURE	MATIÈRE	CLASSE
HEURE	MATIÈRE	CLASSE
HEURE	MATIÈRE	CLASSE

13 JUIN — SAMEDI

HEURE	MATIÈRE	CLASSE
HEURE	MATIÈRE	CLASSE
HEURE	MATIÈRE	CLASSE
HEURE	MATIÈRE	CLASSE
HEURE	MATIÈRE	CLASSE
HEURE	MATIÈRE	CLASSE

14 JUIN — DIMANCHE

24 SEMAINE DE COURS

2020

15 JUIN
LUNDI

HEURE	MATIÈRE	CLASSE
HEURE	MATIÈRE	CLASSE
HEURE	MATIÈRE	CLASSE
HEURE	MATIÈRE	CLASSE
HEURE	MATIÈRE	CLASSE
HEURE	MATIÈRE	CLASSE
HEURE	MATIÈRE	CLASSE
HEURE	MATIÈRE	CLASSE
HEURE	MATIÈRE	CLASSE

16 JUIN
MARDI

HEURE	MATIÈRE	CLASSE
HEURE	MATIÈRE	CLASSE
HEURE	MATIÈRE	CLASSE
HEURE	MATIÈRE	CLASSE
HEURE	MATIÈRE	CLASSE
HEURE	MATIÈRE	CLASSE
HEURE	MATIÈRE	CLASSE
HEURE	MATIÈRE	CLASSE
HEURE	MATIÈRE	CLASSE

17 JUIN
MERCREDI

HEURE	MATIÈRE	CLASSE
HEURE	MATIÈRE	CLASSE
HEURE	MATIÈRE	CLASSE
HEURE	MATIÈRE	CLASSE
HEURE	MATIÈRE	CLASSE
HEURE	MATIÈRE	CLASSE
HEURE	MATIÈRE	CLASSE
HEURE	MATIÈRE	CLASSE
HEURE	MATIÈRE	CLASSE

18 JUIN
JEUDI

HEURE	MATIÈRE	CLASSE
HEURE	MATIÈRE	CLASSE
HEURE	MATIÈRE	CLASSE
HEURE	MATIÈRE	CLASSE
HEURE	MATIÈRE	CLASSE
HEURE	MATIÈRE	CLASSE
HEURE	MATIÈRE	CLASSE
HEURE	MATIÈRE	CLASSE
HEURE	MATIÈRE	CLASSE

19 JUIN
VENDREDI

HEURE	MATIÈRE	CLASSE
HEURE	MATIÈRE	CLASSE
HEURE	MATIÈRE	CLASSE
HEURE	MATIÈRE	CLASSE
HEURE	MATIÈRE	CLASSE
HEURE	MATIÈRE	CLASSE
HEURE	MATIÈRE	CLASSE
HEURE	MATIÈRE	CLASSE
HEURE	MATIÈRE	CLASSE

20 JUIN
SAMEDI

HEURE	MATIÈRE	CLASSE
HEURE	MATIÈRE	CLASSE
HEURE	MATIÈRE	CLASSE
HEURE	MATIÈRE	CLASSE
HEURE	MATIÈRE	CLASSE
HEURE	MATIÈRE	CLASSE

21 JUIN
DIMANCHE

25
SEMAINE DE COURS

2020

22 JUIN — LUNDI

HEURE	MATIÈRE	CLASSE

23 JUIN — MARDI

HEURE	MATIÈRE	CLASSE

24 JUIN — MERCREDI

HEURE	MATIÈRE	CLASSE

25 JUIN
JEUDI

HEURE	MATIÈRE	CLASSE
HEURE	MATIÈRE	CLASSE
HEURE	MATIÈRE	CLASSE
HEURE	MATIÈRE	CLASSE
HEURE	MATIÈRE	CLASSE
HEURE	MATIÈRE	CLASSE
HEURE	MATIÈRE	CLASSE
HEURE	MATIÈRE	CLASSE
HEURE	MATIÈRE	CLASSE

26 JUIN
VENDREDI

HEURE	MATIÈRE	CLASSE
HEURE	MATIÈRE	CLASSE
HEURE	MATIÈRE	CLASSE
HEURE	MATIÈRE	CLASSE
HEURE	MATIÈRE	CLASSE
HEURE	MATIÈRE	CLASSE
HEURE	MATIÈRE	CLASSE
HEURE	MATIÈRE	CLASSE
HEURE	MATIÈRE	CLASSE

27 JUIN
SAMEDI

HEURE	MATIÈRE	CLASSE
HEURE	MATIÈRE	CLASSE
HEURE	MATIÈRE	CLASSE
HEURE	MATIÈRE	CLASSE
HEURE	MATIÈRE	CLASSE
HEURE	MATIÈRE	CLASSE

28 JUIN
DIMANCHE

26
SEMAINE DE COURS

2020

JUILLET 2020

1	ME	
2	JE	
3	VE	
4	SA	
5	DI	
6	LU	
7	MA	
8	ME	
9	JE	
10	VE	
11	SA	
12	DI	
13	LU	
14	MA	
15	ME	
16	JE	

17	VE	
18	SA	
19	DI	
20	LU	
21	MA	
22	ME	
23	JE	
24	VE	
25	SA	
26	DI	
27	LU	
28	MA	
29	ME	
30	JE	
31	VE	

29 JUIN — LUNDI

HEURE	MATIÈRE	CLASSE

30 JUIN — MARDI

HEURE	MATIÈRE	CLASSE

1 JUILLET — MERCREDI

HEURE	MATIÈRE	CLASSE

2 JUILLET
JEUDI

HEURE	MATIÈRE	CLASSE

3 JUILLET
VENDREDI

HEURE	MATIÈRE	CLASSE

4 JUILLET
SAMEDI

HEURE	MATIÈRE	CLASSE

5 JUILLET
DIMANCHE

27 SEMAINE DE COURS

2020

6 JUILLET LUNDI			7 JUILLET MARDI			8 JUILLET MERCREDI		
HEURE	MATIÈRE	CLASSE	HEURE	MATIÈRE	CLASSE	HEURE	MATIÈRE	CLASSE
HEURE	MATIÈRE	CLASSE	HEURE	MATIÈRE	CLASSE	HEURE	MATIÈRE	CLASSE
HEURE	MATIÈRE	CLASSE	HEURE	MATIÈRE	CLASSE	HEURE	MATIÈRE	CLASSE
HEURE	MATIÈRE	CLASSE	HEURE	MATIÈRE	CLASSE	HEURE	MATIÈRE	CLASSE
HEURE	MATIÈRE	CLASSE	HEURE	MATIÈRE	CLASSE	HEURE	MATIÈRE	CLASSE
HEURE	MATIÈRE	CLASSE	HEURE	MATIÈRE	CLASSE	HEURE	MATIÈRE	CLASSE
HEURE	MATIÈRE	CLASSE	HEURE	MATIÈRE	CLASSE	HEURE	MATIÈRE	CLASSE
HEURE	MATIÈRE	CLASSE	HEURE	MATIÈRE	CLASSE	HEURE	MATIÈRE	CLASSE
HEURE	MATIÈRE	CLASSE	HEURE	MATIÈRE	CLASSE	HEURE	MATIÈRE	CLASSE
HEURE	MATIÈRE	CLASSE	HEURE	MATIÈRE	CLASSE	HEURE	MATIÈRE	CLASSE
HEURE	MATIÈRE	CLASSE	HEURE	MATIÈRE	CLASSE	HEURE	MATIÈRE	CLASSE

9 JUILLET
JEUDI

HEURE	MATIÈRE	CLASSE
HEURE	MATIÈRE	CLASSE
HEURE	MATIÈRE	CLASSE
HEURE	MATIÈRE	CLASSE
HEURE	MATIÈRE	CLASSE
HEURE	MATIÈRE	CLASSE
HEURE	MATIÈRE	CLASSE
HEURE	MATIÈRE	CLASSE
HEURE	MATIÈRE	CLASSE

10 JUILLET
VENDREDI

HEURE	MATIÈRE	CLASSE
HEURE	MATIÈRE	CLASSE
HEURE	MATIÈRE	CLASSE
HEURE	MATIÈRE	CLASSE
HEURE	MATIÈRE	CLASSE
HEURE	MATIÈRE	CLASSE
HEURE	MATIÈRE	CLASSE
HEURE	MATIÈRE	CLASSE
HEURE	MATIÈRE	CLASSE

11 JUILLET
SAMEDI

HEURE	MATIÈRE	CLASSE
HEURE	MATIÈRE	CLASSE
HEURE	MATIÈRE	CLASSE
HEURE	MATIÈRE	CLASSE
HEURE	MATIÈRE	CLASSE
HEURE	MATIÈRE	CLASSE

12 JUILLET
DIMANCHE

28
SEMAINE DE COURS

2020

13 JUILLET
LUNDI

HEURE	MATIÈRE	CLASSE

14 JUILLET
MARDI

HEURE	MATIÈRE	CLASSE

15 JUILLET
MERCREDI

HEURE	MATIÈRE	CLASSE

16 JUILLET
JEUDI

HEURE	MATIÈRE	CLASSE
HEURE	MATIÈRE	CLASSE
HEURE	MATIÈRE	CLASSE
HEURE	MATIÈRE	CLASSE
HEURE	MATIÈRE	CLASSE
HEURE	MATIÈRE	CLASSE
HEURE	MATIÈRE	CLASSE
HEURE	MATIÈRE	CLASSE
HEURE	MATIÈRE	CLASSE

17 JUILLET
VENDREDI

HEURE	MATIÈRE	CLASSE
HEURE	MATIÈRE	CLASSE
HEURE	MATIÈRE	CLASSE
HEURE	MATIÈRE	CLASSE
HEURE	MATIÈRE	CLASSE
HEURE	MATIÈRE	CLASSE
HEURE	MATIÈRE	CLASSE
HEURE	MATIÈRE	CLASSE
HEURE	MATIÈRE	CLASSE

18 JUILLET
SAMEDI

HEURE	MATIÈRE	CLASSE
HEURE	MATIÈRE	CLASSE
HEURE	MATIÈRE	CLASSE
HEURE	MATIÈRE	CLASSE
HEURE	MATIÈRE	CLASSE
HEURE	MATIÈRE	CLASSE

19 JUILLET
DIMANCHE

29
SEMAINE DE COURS

2020

20 JUILLET
LUNDI

HEURE	MATIÈRE	CLASSE
HEURE	MATIÈRE	CLASSE
HEURE	MATIÈRE	CLASSE
HEURE	MATIÈRE	CLASSE
HEURE	MATIÈRE	CLASSE
HEURE	MATIÈRE	CLASSE
HEURE	MATIÈRE	CLASSE
HEURE	MATIÈRE	CLASSE
HEURE	MATIÈRE	CLASSE
HEURE	MATIÈRE	CLASSE

21 JUILLET
MARDI

HEURE	MATIÈRE	CLASSE
HEURE	MATIÈRE	CLASSE
HEURE	MATIÈRE	CLASSE
HEURE	MATIÈRE	CLASSE
HEURE	MATIÈRE	CLASSE
HEURE	MATIÈRE	CLASSE
HEURE	MATIÈRE	CLASSE
HEURE	MATIÈRE	CLASSE
HEURE	MATIÈRE	CLASSE
HEURE	MATIÈRE	CLASSE

22 JUILLET
MERCREDI

HEURE	MATIÈRE	CLASSE
HEURE	MATIÈRE	CLASSE
HEURE	MATIÈRE	CLASSE
HEURE	MATIÈRE	CLASSE
HEURE	MATIÈRE	CLASSE
HEURE	MATIÈRE	CLASSE
HEURE	MATIÈRE	CLASSE
HEURE	MATIÈRE	CLASSE
HEURE	MATIÈRE	CLASSE
HEURE	MATIÈRE	CLASSE

23 JUILLET
JEUDI

HEURE	MATIÈRE	CLASSE

24 JUILLET
VENDREDI

HEURE	MATIÈRE	CLASSE

25 JUILLET
SAMEDI

HEURE	MATIÈRE	CLASSE

26 JUILLET
DIMANCHE

30
SEMAINE DE COURS

2020

27 JUILLET LUNDI			**28** JUILLET MARDI			**29** JUILLET MERCREDI		
HEURE	MATIÈRE	CLASSE	HEURE	MATIÈRE	CLASSE	HEURE	MATIÈRE	CLASSE
HEURE	MATIÈRE	CLASSE	HEURE	MATIÈRE	CLASSE	HEURE	MATIÈRE	CLASSE
HEURE	MATIÈRE	CLASSE	HEURE	MATIÈRE	CLASSE	HEURE	MATIÈRE	CLASSE
HEURE	MATIÈRE	CLASSE	HEURE	MATIÈRE	CLASSE	HEURE	MATIÈRE	CLASSE
HEURE	MATIÈRE	CLASSE	HEURE	MATIÈRE	CLASSE	HEURE	MATIÈRE	CLASSE
HEURE	MATIÈRE	CLASSE	HEURE	MATIÈRE	CLASSE	HEURE	MATIÈRE	CLASSE
HEURE	MATIÈRE	CLASSE	HEURE	MATIÈRE	CLASSE	HEURE	MATIÈRE	CLASSE
HEURE	MATIÈRE	CLASSE	HEURE	MATIÈRE	CLASSE	HEURE	MATIÈRE	CLASSE
HEURE	MATIÈRE	CLASSE	HEURE	MATIÈRE	CLASSE	HEURE	MATIÈRE	CLASSE
HEURE	MATIÈRE	CLASSE	HEURE	MATIÈRE	CLASSE	HEURE	MATIÈRE	CLASSE

30 JUILLET
JEUDI

HEURE	MATIÈRE	CLASSE
HEURE	MATIÈRE	CLASSE
HEURE	MATIÈRE	CLASSE
HEURE	MATIÈRE	CLASSE
HEURE	MATIÈRE	CLASSE
HEURE	MATIÈRE	CLASSE
HEURE	MATIÈRE	CLASSE
HEURE	MATIÈRE	CLASSE

31 JUILLET
VENDREDI

HEURE	MATIÈRE	CLASSE
HEURE	MATIÈRE	CLASSE
HEURE	MATIÈRE	CLASSE
HEURE	MATIÈRE	CLASSE
HEURE	MATIÈRE	CLASSE
HEURE	MATIÈRE	CLASSE
HEURE	MATIÈRE	CLASSE
HEURE	MATIÈRE	CLASSE

1 AOÛT
SAMEDI

HEURE	MATIÈRE	CLASSE
HEURE	MATIÈRE	CLASSE
HEURE	MATIÈRE	CLASSE
HEURE	MATIÈRE	CLASSE
HEURE	MATIÈRE	CLASSE
HEURE	MATIÈRE	CLASSE

2 AOÛT
DIMANCHE

31
SEMAINE DE COURS

2020

AOÛT 2020

1	SA	
2	DI	
3	LU	
4	MA	
5	ME	
6	JE	
7	VE	
8	SA	
9	DI	
10	LU	
11	MA	
12	ME	
13	JE	
14	VE	
15	SA	
16	DI	

17	LU	
18	MA	
19	ME	
20	JE	
21	VE	
22	SA	
23	DI	
24	LU	
25	MA	
26	ME	
27	JE	
28	VE	
29	SA	
30	DI	
31	LU	

Liste des étudiants

NOM	♀/♂	NÉE	RELIGION	ADRESSE
1				
2				
3				
4				
5				
6				
7				
8				
9				
10				
11				
12				
13				
14				
15				
16				
17				
18				
19				
20				
21				
22				
23				
24				
25				
26				
27				
28				
29				
30				
31				
32				
33				
34				
35				

CLASSE:

PHONE	EMAIL	NOTES

Liste des étudiants

NOM	♀/♂	NÉE	RELIGION	ADRESSE
1				
2				
3				
4				
5				
6				
7				
8				
9				
10				
11				
12				
13				
14				
15				
16				
17				
18				
19				
20				
21				
22				
23				
24				
25				
26				
27				
28				
29				
30				
31				
32				
33				
34				
35				

CLASSE:

PHONE	EMAIL	NOTES

Liste des étudiants

NOM	♀/♂	NÉE	RELIGION	ADRESSE
1				
2				
3				
4				
5				
6				
7				
8				
9				
10				
11				
12				
13				
14				
15				
16				
17				
18				
19				
20				
21				
22				
23				
24				
25				
26				
27				
28				
29				
30				
31				
32				
33				
34				
35				

CLASSE:

PHONE	EMAIL	NOTES

Liste des étudiants

NOM	♀/♂	NÉE	RELIGION	ADRESSE
1				
2				
3				
4				
5				
6				
7				
8				
9				
10				
11				
12				
13				
14				
15				
16				
17				
18				
19				
20				
21				
22				
23				
24				
25				
26				
27				
28				
29				
30				
31				
32				
33				
34				
35				

CLASSE:

PHONE	EMAIL	NOTES

Liste des étudiants

NOM	♀/♂	NÉE	RELIGION	ADRESSE
1				
2				
3				
4				
5				
6				
7				
8				
9				
10				
11				
12				
13				
14				
15				
16				
17				
18				
19				
20				
21				
22				
23				
24				
25				
26				
27				
28				
29				
30				
31				
32				
33				
34				
35				

CLASSE:

PHONE	EMAIL	NOTES

PLAN DE SALLE

CLASSE: CHAMBRE: NUMÉRO D'ÉTUDIANT:

PLAN DE SALLE

CLASSE: CHAMBRE: NUMÉRO D'ÉTUDIANT:

PLAN DE SALLE

CLASSE:　　　　　CHAMBRE:　　　　　NUMÉRO D'ÉTUDIANT:

PLAN DE SALLE

CLASSE: CHAMBRE: NUMÉRO D'ÉTUDIANT:

PLAN DE SALLE

CLASSE: CHAMBRE: NUMÉRO D'ÉTUDIANT:

PLAN DE SALLE

CLASSE: CHAMBRE: NUMÉRO D'ÉTUDIANT:

PLAN DE SALLE

CLASSE: CHAMBRE: NUMÉRO D'ÉTUDIANT:

PLAN DE SALLE

CLASSE: CHAMBRE: NUMÉRO D'ÉTUDIANT:

Planificateur de cours

LEÇON	DE - À	LUNDI			MARDI			MERCREDI			JEUDI			VENDREDI			SAMEDI		
		MATIÈRE	CLASSE	CHAMBRE	MATIÈRE	CLASSE	CHAMBRE	MATIÈRE	CLASSE	CHAMBRE	MATIÈRE	CLASSE	CHAMBRE	MATIÈRE	CLASSE	CHAMBRE	MATIÈRE	CLASSE	CHAMBRE

SURVEILLANCE
LU
MA
ME
JE
VE
SA

Planificateur de cours

LEÇON	DE - À	LUNDI			MARDI			MERCREDI			JEUDI			VENDREDI			SAMEDI		
		MATIÈRE	CLASSE	CHAMBRE	MATIÈRE	CLASSE	CHAMBRE	MATIÈRE	CLASSE	CHAMBRE	MATIÈRE	CLASSE	CHAMBRE	MATIÈRE	CLASSE	CHAMBRE	MATIÈRE	CLASSE	CHAMBRE

SURVEILLANCE
LU
MA
ME
JE
VE
SA

Planificateur de classe

LEÇON	DE - À	LUNDI			MARDI			MERCREDI			JEUDI			VENDREDI			SAMEDI		
		MATIÈRE	CLASSE	CHAMBRE	MATIÈRE	CLASSE	CHAMBRE	MATIÈRE	CLASSE	CHAMBRE	MATIÈRE	CLASSE	CHAMBRE	MATIÈRE	CLASSE	CHAMBRE	MATIÈRE	CLASSE	CHAMBRE

Planificateur de classe

LEÇON	DE - À	LUNDI			MARDI			MERCREDI			JEUDI			VENDREDI			SAMEDI		
		MATIÈRE	CLASSE	CHAMBRE	MATIÈRE	CLASSE	CHAMBRE	MATIÈRE	CLASSE	CHAMBRE	MATIÈRE	CLASSE	CHAMBRE	MATIÈRE	CLASSE	CHAMBRE	MATIÈRE	CLASSE	CHAMBRE

Planificateur de cours

LEÇON	DE - À	LUNDI			MARDI			MERCREDI			JEUDI			VENDREDI			SAMEDI		
		MATIÈRE	CLASSE	CHAMBRE	MATIÈRE	CLASSE	CHAMBRE	MATIÈRE	CLASSE	CHAMBRE	MATIÈRE	CLASSE	CHAMBRE	MATIÈRE	CLASSE	CHAMBRE	MATIÈRE	CLASSE	CHAMBRE

SURVEILLANCE
LU
MA
ME
JE
VE
SA

Planificateur de cours

LEÇON	DE - À	LUNDI			MARDI			MERCREDI			JEUDI			VENDREDI			SAMEDI		
		MATIÈRE	CLASSE	CHAMBRE	MATIÈRE	CLASSE	CHAMBRE	MATIÈRE	CLASSE	CHAMBRE	MATIÈRE	CLASSE	CHAMBRE	MATIÈRE	CLASSE	CHAMBRE	MATIÈRE	CLASSE	CHAMBRE

SURVEILLANCE
LU
MA
ME
JE
VE
SA

Planificateur de classe

LEÇON	DE - À	LUNDI			MARDI			MERCREDI			JEUDI			VENDREDI			SAMEDI		
		MATIÈRE	CLASSE	CHAMBRE	MATIÈRE	CLASSE	CHAMBRE	MATIÈRE	CLASSE	CHAMBRE	MATIÈRE	CLASSE	CHAMBRE	MATIÈRE	CLASSE	CHAMBRE	MATIÈRE	CLASSE	CHAMBRE

Planificateur de classe

LEÇON	DE - À	LUNDI			MARDI			MERCREDI			JEUDI			VENDREDI			SAMEDI		
		MATIÈRE	CLASSE	CHAMBRE	MATIÈRE	CLASSE	CHAMBRE	MATIÈRE	CLASSE	CHAMBRE	MATIÈRE	CLASSE	CHAMBRE	MATIÈRE	CLASSE	CHAMBRE	MATIÈRE	CLASSE	CHAMBRE

Planificateur de cours

LEÇON	DE - À	\multicolumn{3}{c}{LUNDI}	\multicolumn{3}{c}{MARDI}	\multicolumn{3}{c}{MERCREDI}	\multicolumn{3}{c}{JEUDI}	\multicolumn{3}{c}{VENDREDI}	\multicolumn{3}{c}{SAMEDI}
		MATIÈRE	CLASSE	CHAMBRE	MATIÈRE	CLASSE	CHAMBRE	MATIÈRE	CLASSE	CHAMBRE	MATIÈRE	CLASSE	CHAMBRE	MATIÈRE	CLASSE	CHAMBRE	MATIÈRE	CLASSE	CHAMBRE

SURVEILLANCE
LU
MA
ME
JE
VE
SA

Planificateur de cours

LEÇON	DE - À	\multicolumn{3}{c}{LUNDI}	\multicolumn{3}{c}{MARDI}	\multicolumn{3}{c}{MERCREDI}	\multicolumn{3}{c}{JEUDI}	\multicolumn{3}{c}{VENDREDI}	\multicolumn{3}{c}{SAMEDI}
		MATIÈRE	CLASSE	CHAMBRE	MATIÈRE	CLASSE	CHAMBRE	MATIÈRE	CLASSE	CHAMBRE	MATIÈRE	CLASSE	CHAMBRE	MATIÈRE	CLASSE	CHAMBRE	MATIÈRE	CLASSE	CHAMBRE

SURVEILLANCE
LU
MA
ME
JE
VE
SA

Planificateur de classe

LEÇON	DE - À	LUNDI			MARDI			MERCREDI			JEUDI			VENDREDI			SAMEDI		
		MATIÈRE	CLASSE	CHAMBRE	MATIÈRE	CLASSE	CHAMBRE	MATIÈRE	CLASSE	CHAMBRE	MATIÈRE	CLASSE	CHAMBRE	MATIÈRE	CLASSE	CHAMBRE	MATIÈRE	CLASSE	CHAMBRE

Planificateur de classe

LEÇON	DE - À	LUNDI			MARDI			MERCREDI			JEUDI			VENDREDI			SAMEDI		
		MATIÈRE	CLASSE	CHAMBRE	MATIÈRE	CLASSE	CHAMBRE	MATIÈRE	CLASSE	CHAMBRE	MATIÈRE	CLASSE	CHAMBRE	MATIÈRE	CLASSE	CHAMBRE	MATIÈRE	CLASSE	CHAMBRE

Planificateur de cours

LEÇON	DE - À	LUNDI			MARDI			MERCREDI			JEUDI			VENDREDI			SAMEDI		
		MATIÈRE	CLASSE	CHAMBRE	MATIÈRE	CLASSE	CHAMBRE	MATIÈRE	CLASSE	CHAMBRE	MATIÈRE	CLASSE	CHAMBRE	MATIÈRE	CLASSE	CHAMBRE	MATIÈRE	CLASSE	CHAMBRE

SURVEILLANCE
LU
MA
ME
JE
VE
SA

Planificateur de cours

LEÇON	DE - À	LUNDI			MARDI			MERCREDI			JEUDI			VENDREDI			SAMEDI		
		MATIÈRE	CLASSE	CHAMBRE	MATIÈRE	CLASSE	CHAMBRE	MATIÈRE	CLASSE	CHAMBRE	MATIÈRE	CLASSE	CHAMBRE	MATIÈRE	CLASSE	CHAMBRE	MATIÈRE	CLASSE	CHAMBRE

SURVEILLANCE
LU
MA
ME
JE
VE
SA

Planificateur de classe

LEÇON	DE - À	| LUNDI |			| MARDI |			| MERCREDI |			| JEUDI |			| VENDREDI |			| SAMEDI |		
		MATIÈRE	CLASSE	CHAMBRE	MATIÈRE	CLASSE	CHAMBRE	MATIÈRE	CLASSE	CHAMBRE	MATIÈRE	CLASSE	CHAMBRE	MATIÈRE	CLASSE	CHAMBRE	MATIÈRE	CLASSE	CHAMBRE

Planificateur de classe

LEÇON	DE - À	| LUNDI |			| MARDI |			| MERCREDI |			| JEUDI |			| VENDREDI |			| SAMEDI |		
		MATIÈRE	CLASSE	CHAMBRE	MATIÈRE	CLASSE	CHAMBRE	MATIÈRE	CLASSE	CHAMBRE	MATIÈRE	CLASSE	CHAMBRE	MATIÈRE	CLASSE	CHAMBRE	MATIÈRE	CLASSE	CHAMBRE

Planificateur de cours

LEÇON	DE - À	LUNDI			MARDI			MERCREDI			JEUDI			VENDREDI			SAMEDI		
		MATIÈRE	CLASSE	CHAMBRE	MATIÈRE	CLASSE	CHAMBRE	MATIÈRE	CLASSE	CHAMBRE	MATIÈRE	CLASSE	CHAMBRE	MATIÈRE	CLASSE	CHAMBRE	MATIÈRE	CLASSE	CHAMBRE

SURVEILLANCE
LU
MA
ME
JE
VE
SA

Planificateur de cours

LEÇON	DE - À	LUNDI			MARDI			MERCREDI			JEUDI			VENDREDI			SAMEDI		
		MATIÈRE	CLASSE	CHAMBRE	MATIÈRE	CLASSE	CHAMBRE	MATIÈRE	CLASSE	CHAMBRE	MATIÈRE	CLASSE	CHAMBRE	MATIÈRE	CLASSE	CHAMBRE	MATIÈRE	CLASSE	CHAMBRE

SURVEILLANCE
LU
MA
ME
JE
VE
SA

Planificateur de classe

LEÇON	DE - À	LUNDI			MARDI			MERCREDI			JEUDI			VENDREDI			SAMEDI		
		MATIÈRE	CLASSE	CHAMBRE	MATIÈRE	CLASSE	CHAMBRE	MATIÈRE	CLASSE	CHAMBRE	MATIÈRE	CLASSE	CHAMBRE	MATIÈRE	CLASSE	CHAMBRE	MATIÈRE	CLASSE	CHAMBRE

Planificateur de classe

LEÇON	DE - À	LUNDI			MARDI			MERCREDI			JEUDI			VENDREDI			SAMEDI		
		MATIÈRE	CLASSE	CHAMBRE	MATIÈRE	CLASSE	CHAMBRE	MATIÈRE	CLASSE	CHAMBRE	MATIÈRE	CLASSE	CHAMBRE	MATIÈRE	CLASSE	CHAMBRE	MATIÈRE	CLASSE	CHAMBRE

NOTES

CLASSE: MATIÉRE:

NOM															
1															
2															
3															
4															
5															
6															
7															
8															
9															
10															
11															
12															
13															
14															
15															
16															
17															
18															
19															
20															
21															
22															
23															
24															
25															
26															
27															
28															
29															
30															
31															
32															
33															
34															
35															

MATIÉRE: CLASSE:

	NOM
1	
2	
3	
4	
5	
6	
7	
8	
9	
10	
11	
12	
13	
14	
15	
16	
17	
18	
19	
20	
21	
22	
23	
24	
25	
26	
27	
28	
29	
30	
31	
32	
33	
34	
35	

NOTES

CLASSE: MATIÉRE:

NOM
1
2
3
4
5
6
7
8
9
10
11
12
13
14
15
16
17
18
19
20
21
22
23
24
25
26
27
28
29
30
31
32
33
34
35

MATIÉRE:　　　　　　CLASSE:

	NOM
1	
2	
3	
4	
5	
6	
7	
8	
9	
10	
11	
12	
13	
14	
15	
16	
17	
18	
19	
20	
21	
22	
23	
24	
25	
26	
27	
28	
29	
30	
31	
32	
33	
34	
35	

NOTES

CLASSE: MATIÉRE:

NOM
1
2
3
4
5
6
7
8
9
10
11
12
13
14
15
16
17
18
19
20
21
22
23
24
25
26
27
28
29
30
31
32
33
34
35

MATIÉRE: CLASSE:

	NOM
1	
2	
3	
4	
5	
6	
7	
8	
9	
10	
11	
12	
13	
14	
15	
16	
17	
18	
19	
20	
21	
22	
23	
24	
25	
26	
27	
28	
29	
30	
31	
32	
33	
34	
35	

NOTES

CLASSE: MATIÉRE:

NOM
1
2
3
4
5
6
7
8
9
10
11
12
13
14
15
16
17
18
19
20
21
22
23
24
25
26
27
28
29
30
31
32
33
34
35

MATIÉRE:　　　　　CLASSE:

	NOM
1	
2	
3	
4	
5	
6	
7	
8	
9	
10	
11	
12	
13	
14	
15	
16	
17	
18	
19	
20	
21	
22	
23	
24	
25	
26	
27	
28	
29	
30	
31	
32	
33	
34	
35	

NOTES

CLASSE: MATIÉRE:

NOM
1
2
3
4
5
6
7
8
9
10
11
12
13
14
15
16
17
18
19
20
21
22
23
24
25
26
27
28
29
30
31
32
33
34
35

MATIÉRE: CLASSE:

	NOM
1	
2	
3	
4	
5	
6	
7	
8	
9	
10	
11	
12	
13	
14	
15	
16	
17	
18	
19	
20	
21	
22	
23	
24	
25	
26	
27	
28	
29	
30	
31	
32	
33	
34	
35	

NOTES

CLASSE: MATIÉRE:

NOM
1
2
3
4
5
6
7
8
9
10
11
12
13
14
15
16
17
18
19
20
21
22
23
24
25
26
27
28
29
30
31
32
33
34
35

MATIÉRE: CLASSE:

	NOM
1	
2	
3	
4	
5	
6	
7	
8	
9	
10	
11	
12	
13	
14	
15	
16	
17	
18	
19	
20	
21	
22	
23	
24	
25	
26	
27	
28	
29	
30	
31	
32	
33	
34	
35	

NOTES

NOM

CLASSE:　　　　　MATIÉRE:

#
1
2
3
4
5
6
7
8
9
10
11
12
13
14
15
16
17
18
19
20
21
22
23
24
25
26
27
28
29
30
31
32
33
34
35

MATIÈRE: CLASSE:

	NOM
1	
2	
3	
4	
5	
6	
7	
8	
9	
10	
11	
12	
13	
14	
15	
16	
17	
18	
19	
20	
21	
22	
23	
24	
25	
26	
27	
28	
29	
30	
31	
32	
33	
34	
35	

NOTES

CLASSE: MATIÉRE:

NOM	
1	
2	
3	
4	
5	
6	
7	
8	
9	
10	
11	
12	
13	
14	
15	
16	
17	
18	
19	
20	
21	
22	
23	
24	
25	
26	
27	
28	
29	
30	
31	
32	
33	
34	
35	

MATIÉRE:　　　　　CLASSE:

	NOM
1	
2	
3	
4	
5	
6	
7	
8	
9	
10	
11	
12	
13	
14	
15	
16	
17	
18	
19	
20	
21	
22	
23	
24	
25	
26	
27	
28	
29	
30	
31	
32	
33	
34	
35	

NOTES

CLASSE: MATIÉRE:

NOM
1
2
3
4
5
6
7
8
9
10
11
12
13
14
15
16
17
18
19
20
21
22
23
24
25
26
27
28
29
30
31
32
33
34
35

MATIÉRE: CLASSE:

	NOM
1	
2	
3	
4	
5	
6	
7	
8	
9	
10	
11	
12	
13	
14	
15	
16	
17	
18	
19	
20	
21	
22	
23	
24	
25	
26	
27	
28	
29	
30	
31	
32	
33	
34	
35	

NOTES

CLASSE: MATIÉRE:

NOM
1
2
3
4
5
6
7
8
9
10
11
12
13
14
15
16
17
18
19
20
21
22
23
24
25
26
27
28
29
30
31
32
33
34
35

MATIÉRE: CLASSE:

	NOM
1	
2	
3	
4	
5	
6	
7	
8	
9	
10	
11	
12	
13	
14	
15	
16	
17	
18	
19	
20	
21	
22	
23	
24	
25	
26	
27	
28	
29	
30	
31	
32	
33	
34	
35	

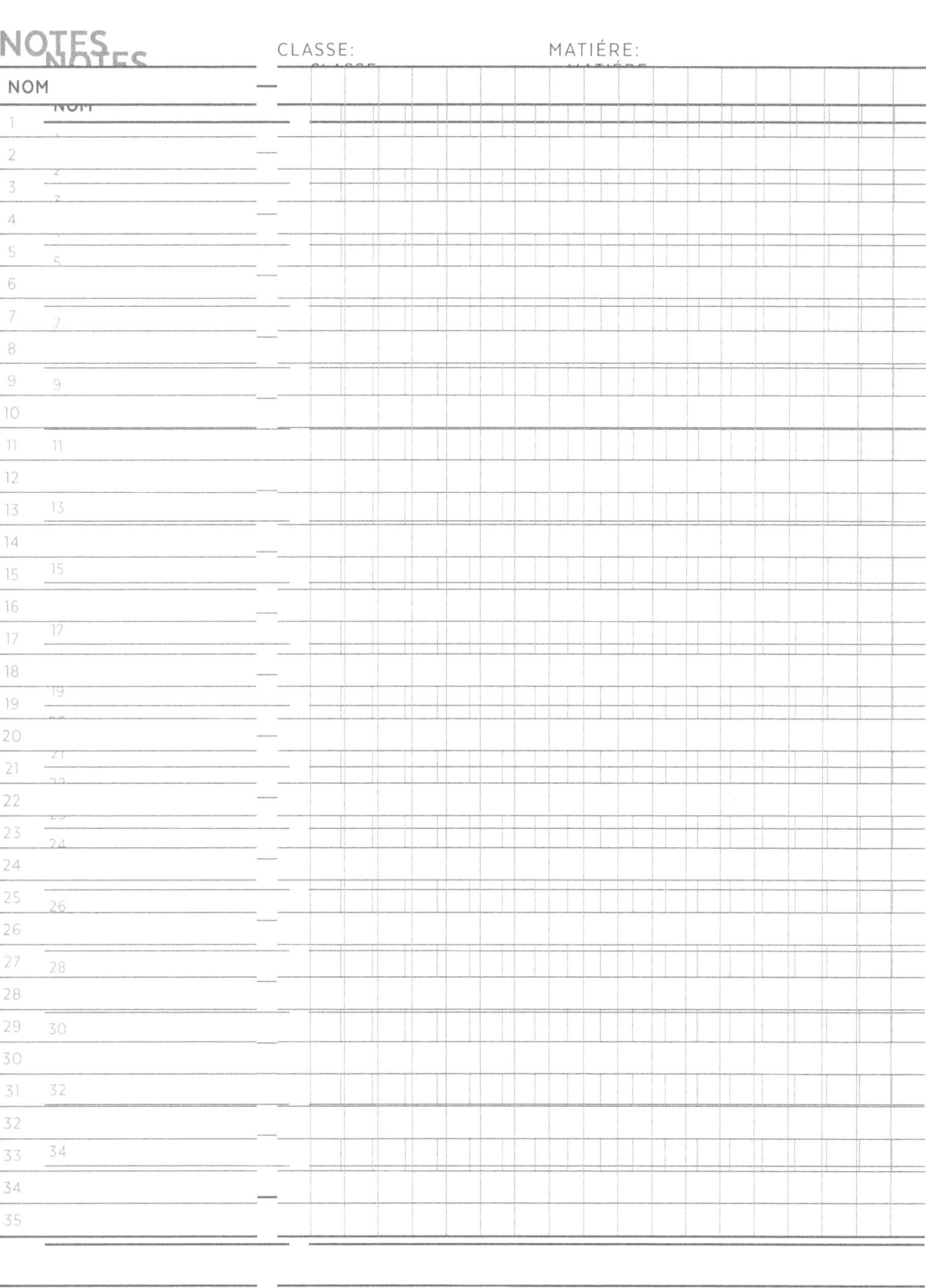

MATIÉRE: CLASSE: NOM

NOTES

NOM

CLASSE: MATIÉRE:

1
2
3
4
5
6
7
8
9
10
11
12
13
14
15
16
17
18
19
20
21
22
23
24
25
26
27
28
29
30
31
32
33
34
35

MATIÉRE: CLASSE:

	NOM
1	
2	
3	
4	
5	
6	
7	
8	
9	
10	
11	
12	
13	
14	
15	
16	
17	
18	
19	
20	
21	
22	
23	
24	
25	
26	
27	
28	
29	
30	
31	
32	
33	
34	
35	

NOTES

CLASSE:　　　　　　MATIÉRE:

NOM
1
2
3
4
5
6
7
8
9
10
11
12
13
14
15
16
17
18
19
20
21
22
23
24
25
26
27
28
29
30
31
32
33
34
35

MATIÉRE: CLASSE:

	NOM
1	
2	
3	
4	
5	
6	
7	
8	
9	
10	
11	
12	
13	
14	
15	
16	
17	
18	
19	
20	
21	
22	
23	
24	
25	
26	
27	
28	
29	
30	
31	
32	
33	
34	
35	

NOTES

CLASSE: MATIÉRE:

NOM
1
2
3
4
5
6
7
8
9
10
11
12
13
14
15
16
17
18
19
20
21
22
23
24
25
26
27
28
29
30
31
32
33
34
35

MATIÉRE:　　　　　CLASSE:

	NOM
1	
2	
3	
4	
5	
6	
7	
8	
9	
10	
11	
12	
13	
14	
15	
16	
17	
18	
19	
20	
21	
22	
23	
24	
25	
26	
27	
28	
29	
30	
31	
32	
33	
34	
35	

NOTES

CLASSE:　　　　　　MATIÉRE:

NOM
1
2
3
4
5
6
7
8
9
10
11
12
13
14
15
16
17
18
19
20
21
22
23
24
25
26
27
28
29
30
31
32
33
34
35

MATIÉRE:　　　　　CLASSE:

	NOM
1	
2	
3	
4	
5	
6	
7	
8	
9	
10	
11	
12	
13	
14	
15	
16	
17	
18	
19	
20	
21	
22	
23	
24	
25	
26	
27	
28	
29	
30	
31	
32	
33	
34	
35	

NOTES

CLASSE: MATIÉRE:

NOM
1
2
3
4
5
6
7
8
9
10
11
12
13
14
15
16
17
18
19
20
21
22
23
24
25
26
27
28
29
30
31
32
33
34
35

MATIÉRE: CLASSE:

	NOM
1	
2	
3	
4	
5	
6	
7	
8	
9	
10	
11	
12	
13	
14	
15	
16	
17	
18	
19	
20	
21	
22	
23	
24	
25	
26	
27	
28	
29	
30	
31	
32	
33	
34	
35	

NOTES

CLASSE: MATIÉRE:

NOM	
1	
2	
3	
4	
5	
6	
7	
8	
9	
10	
11	
12	
13	
14	
15	
16	
17	
18	
19	
20	
21	
22	
23	
24	
25	
26	
27	
28	
29	
30	
31	
32	
33	
34	
35	

MATIÉRE:　　　　　CLASSE:

	NOM
1	
2	
3	
4	
5	
6	
7	
8	
9	
10	
11	
12	
13	
14	
15	
16	
17	
18	
19	
20	
21	
22	
23	
24	
25	
26	
27	
28	
29	
30	
31	
32	
33	
34	
35	

Impressum

Feedback:
feedback@mertens-publication.de

Edition : Books on Demand,
12/14 rond-Point des Champs-Elysées, 75008 Paris
Impression : BoD - Books on Demand, Norderstedt, Allemagne
ISBN :
9782322131587

Mertens Ventures Ltd.
Tefkrou Anthia No 2 Office 301
6045 Larnaca
Zypern
E-Mail: kontakt@mertens-publication.de

Das Werk, einschließlich seiner Teile, ist urheberrechtlich geschützt. Jede Verwertung außerhalb der engen Grenzen des Urheberrechtsgesetzes ist ohne Zustimmung des Verlages und des Autors unzulässig. Dies gilt insbesondere für die elektronische oder sonstige Vervielfältigung, Übersetzung, Verbreitung und öffentliche Zugänglichmachung.

Dépôt légal : juillet 2019